아이가 주인공인 책

아이는 스스로 생각하고 매일 성장합니다.
부모가 아이를 존중하고 그 가능성을 믿을 때
새로운 문제들을 스스로 해결해 나갈 수 있습니다.

〈기적의 학습서〉는 아이가 주인공인 책입니다.
탄탄한 실력을 만드는 체계적인 학습법으로
아이의 공부 자신감을 높여 줍니다.

아이의 가능성과 꿈을 응원해 주세요.
아이가 주인공인 분위기를 만들어 주고,
작은 노력과 땀방울에 큰 박수를 보내 주세요.
〈기적의 학습서〉가 자녀 교육에 힘이 되겠습니다.

조심조심 착은히 통고
해야된다.

숙제가 하기 싫었는데 애미쓰디덕에
한텐 기운이 좋아졌다

미래의 내 모습 그리고 설명하기

나는 식당을 열어
서 고아원 아이들을 그리고
도와 줄겁니다.
아이들이되어 웃겨 해줄겁니다
성우도되어 어린아들 웃게 해줍니다

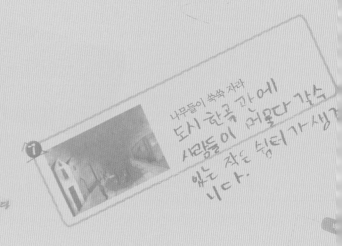

나무들이 쑥쑥 자라
도시 한곳 간에
사람들이 머물다 갈수
있는 작은 쉼터가 생겨
니다.

빠른 태우

다섯친구들을 아주 용감하
다. 다섯친구들 ⓞ✗☺
★★★★ 너무 좋다

어이없이 소원을빌었으
이제 나무를 잘 패세요.

그 다섯 명이
셀줄도 모르고
덤벼서 너무와
프고 억울해
또 만나면 혼
내줄거야
호랑이

언제	새벽 5시에
어디에서	집에서
누구와	나와
무슨 일	너워서 새벽5시에일어났어라

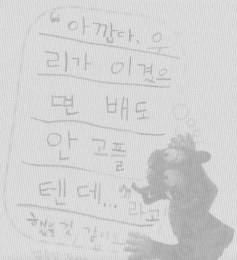

[기적의 독서 논술] 샘플을 먼저 경험한 전국의 주인공들

강민준 공현욱 구민서 구본준 권다은 권민재 김가은 김규리 김도연 김서현 김성훈
김윤아 김은서 김정원 김태완 김현우 남혜인 노윤아 노혜욱 류수영 박선율 박세은
박은서 박재현 박주안 박채운 박채환 박현우 배건웅 서아영 손승우 신예나 심민규
심준우 양서정 오수빈 온하늘 원현정 유혜수 윤서연 윤호찬 이 솔 이준기 이준혁
이하연 이효정 장보경 전예찬 전헌재 정윤서 정지우 조연서 조영민 조은상 주하림
　　　　　지예인 진하윤 천태희 최예린 최정연 추예은 허준석 홍주원 홍주혁

"
고맙습니다.
우리 친구들 덕분에 이 책을 잘 만들 수 있었습니다.
"

안녕? 난 **뚱**이라고 해. 2019살이야.
디자이너 비따쌤이 만들었는데, 길벗쌤이 날 딱 보더니 엉뚱한 생각을 많이 할 것 같다고
'뚱'이란 이름을 지어 줬어. (뚱뚱해서 지은 거 아니야! 화났뚱) 나는 이 책에 가끔 나와.
새싹뚱, 글자뚱, 읽는뚱, 쓰는뚱, 생각뚱, 탐구뚱, 박사뚱, 말뚱, 놀뚱, 쉴뚱! (**뚱** 아니야! 잘 봐~)
너희들 읽기도 쓰기도 하는 둥 마는 둥 할까 봐 내가 아주 걱정이 많아. 그래서 살짝뚱 도와줄 거야.
같이 해 보자고!! 뚱뚱~~

초등 문해력, **쓰기**로 완성한다!

기 적 의
독서 논술

길벗스쿨

기 적 의 **독서 논술 ④권 초등 2학년**

초판 1쇄 발행 2020년 2월 2일
개정 1쇄 발행 2024년 4월 11일

지은이 기적학습연구소
발행인 이종원
발행처 길벗스쿨
출판사 등록일 2006년 6월 16일
주소 서울시 마포구 월드컵로 10길 56(서교동 467-9)
대표 전화 02)332-0931 | **팩스** 02)323-0586
홈페이지 www.gilbutschool.co.kr | **이메일** gilbut@gilbut.co.kr

기획 신경아(skalion@gilbut.co.kr) | **책임 편집** 박은숙, 유명희, 이은정
제작 이준호, 손일순, 이진혁 | **영업마케팅** 문세연, 박선경, 박다슬 | **웹마케팅** 박달님, 이재윤, 나혜연
영업관리 김명자, 정경화 | **독자지원** 윤정아

디자인 디자인비따 | **전산편집** 디그린, 린 기획
편집 진행 이은정 | **교정 교열** 백영주
표지 일러스트 이승정 | **본문 일러스트** 이주연, 루인, 조수희, 백정석, 김지아
CTP출력 및 인쇄 교보피앤비 | **제본** 경문제책

ISBN 979-11-6406-674-2 64710
(길벗스쿨 도서번호 10942)
정가 12,000원

독자의 1초를 아껴주는 정성 길벗출판사

길벗스쿨 | 국어학습서, 수학학습서, 유아학습서, 어학학습서, 어린이교양서, 교과서
길벗 | IT실용서, IT/일반 수험서, IT전문서, 경제실용서, 취미실용서, 건강실용서, 자녀교육서
더퀘스트 | 인문교양서, 비즈니스서
길벗이지톡 | 어학단행본, 어학수험서

'읽다'라는 동사에는 명령형이 먹혀들지 않는다.
이를테면 '사랑하다'라든가 '꿈꾸다' 같은 동사처럼,
'읽다'는 명령형으로 쓰면 거부 반응을 일으키는 것이다. 물론 줄기차게 시도해 볼 수는 있다.
"사랑해라!", "꿈을 가져라."라든가, "책 좀 읽어라, 제발!", "너, 이 자식, 책 읽으라고 했잖아!"라고.
효과는? 전혀 없다.

―『다니엘 페나크, 〈소설처럼〉 중에서』

이 책을 기획하면서 읽었던 많은 독서 교육 관련 책 중에 가장 기억에 남는 구절이었습니다. 볼거리와 놀거리가 차고 넘치는 세상에서 아이들에게 그럼에도 불구하고 '독서가 답이야.'라고 말해 주고 싶어서 이 책을 기획했습니다. 그래서 어떻게 하면 '독서(읽다)와 논술(쓰다)'이라는 말이 명령형처럼 들리지 않을까 고민했습니다. '혼자서도 할 수 있어.'에서 '같이 해 보자.'로 방법을 바꿔 제안합니다.

독서도 연산처럼 훈련이 필요한 학습입니다. 글자를 뗀 이후부터 혼자서 책을 척척 찾아 읽고, 독서 감상문도 줄줄 잘 쓰는 친구가 있을까요? 처음에는 쉽지 않습니다. 초보 독서에서 벗어나 능숙한 독서가로 성장하기 위해서는 무릎 학교 선생님(부모님)의 도움이 필요합니다. 가랑비에 옷 젖듯, 매일 조금씩 천천히 함께 책 읽는 시간을 가져 보세요. 그리고 읽은 것에 대해 이런저런 대화를 나누어 보세요. 함께 책을 읽는 연습이 되어야 생각하는 힘이 생기고, 자기 생각을 표현하는 방법도 깨우치게 됩니다.

아이가 잘 읽고 있다고 생각할 수 있지만, 내용을 금방 파악하기 어려울 수 있습니다. 이럴 때 부모님께서 함께 글의 내용을 떠올려 봐 주시고, 생각의 물꼬를 터 주신다면 아이들은 쉽게 글 속으로 빠져들게 될 것입니다.

생각을 표현하는 것 또한 녹록지 않을 수 있습니다. 처음부터 완벽한 문장으로 쓰기를 기대하지 마세요. 읽는 것만큼 쓰는 것도 자주 해 봐야 늡니다. 쓰기를 특히 어려워한다면 말로 표현해 보라고 먼저 권유해 주세요. 한 주에 한 편씩 읽고 쓰고 대화하는 동안에 공감 능력과 이해력이 생기고, 생각하고 표현하는 능력이 향상될 것입니다.

초등 공부는 읽기로 시작해서 쓰기로 완성됩니다. 지금 이 책이 그 효과적인 독서 교육 방법을 제안합니다. 이 책을 선택하신 무릎 학교 선생님, 우리 아이에게 딱 맞는 독서 교육가가 되어 주십시오. 아이와 함께 할 때 효과는 배가 될 것입니다.

2020. 2
기적학습연구소 일동

〈기적의 독서 논술〉은 매주 한 편씩 깊이 있게 글을 읽고 생각을 쓰면서 사고력을 키우는 초등 학년별 독서 논술 프로그램입니다.

눈에만 담는 독서에서 벗어나, 읽고 떠오르는 생각과 감정을 밖으로 표현해 보세요. 매주 새로운 글을 통해 생각 훈련을 하다 보면, 어휘력과 독해력은 물론 표현력까지 기를 수 있습니다. 예비 초등을 시작으로 학년별 2권씩, 총 14권으로 구성되어 있습니다.

* 초등 고학년(5~6학년)을 대상으로 한 〈기적의 역사 논술〉도 함께 출시되어 있습니다. 〈기적의 역사 논술〉은 매주 한 편씩 한국사 스토리를 통해 역사적 맥락을 이해하고, 그 의미를 파악하며 생각을 써 보는 통합 사고력 프로그램입니다.

1 학년(연령)별 구성

학년별 2권 구성

한 학기에 한 권씩 독서 논술을 테마로 학습 계획을 짜 보는 것은 어떨까요?

독서 프로그램 차등 설계

읽기 역량을 고려하여 본문의 구성도 차등 적용하였습니다.

예비 초등과 초등 1학년은 짧은 글을 중심으로 장면별로 끊어 읽는 독서법을 채택하였습니다. 초등 2~4학년은 한 편의 글을 앞뒤로 나누어 읽도록 하였고, 초등 5~6학년은 한 편의 글을 끊지 않고 쭉 이어서 읽도록 하였습니다. 글을 읽은 뒤에는 글의 내용을 확인 정리하면서 생각을 펼칠 수 있도록 설계하였습니다.

선택 팁 단계별(학년별)로 읽기 분량이나 서술·논술형 문제에 난이도 차가 있습니다. 아이 학년에 맞게 책을 선택하시되 첫 주의 내용을 보시고 너무 어렵겠다 싶으시면 전 단계를, 이 정도면 수월하겠다 싶으시면 다음 권을 선택하셔서 학습하시길 추천드립니다.

2 읽기 역량을 고려한 다채로운 읽기물 선정 (커리큘럼 소개)

권	주	읽기물	주제	장르	비고	특강
P1	1	염소네 대문	친구 사귀기	창작 동화	인문, 사회	한 장면 생각 표현
	2	바람과 해님	지혜, 온화함	명작 동화	인문, 과학	
	3	임금님 귀는 당나귀 귀	비밀 지키기	전래 동화	인문, 사회	
	4	숲속 꼬마 사자의 변신	바른 태도로 듣기	창작 동화	사회, 언어	
P2	1	수상한 아저씨의 뚝딱 목공소	편견, 직업	창작 동화	인문, 기술	한 장면 생각 표현
	2	짧아진 바지	효, 소통	전래 동화	사회, 문화	
	3	레옹을 부탁해요	유기묘, 동물 사랑	창작 동화	인문, 과학	
	4	어리석은 소원	신중하게 생각하기	명작 동화	인문, 사회	
1	1	글자가 사라진다면	한글의 소중함	창작 동화	언어, 사회	그림일기 사람을 소개하는 글
	2	노란색 운동화	쓸모와 나눔	창작 동화	사회, 경제	
	3	재주 많은 다섯 친구	재능	전래 동화	인문, 기술	
	4	우리는 한 가족	가족 호칭	지식 동화	사회, 문화	
2	1	토끼의 재판	은혜, 이웃 도와주기	전래 동화	인문, 사회	일기 물건을 설명하는 글
	2	신통방통 소식통	감각 기관	설명문	과학, 기술	
	3	숲속 거인의 흥미진진 퀴즈	도형	지식 동화	과학, 수학	
	4	열두 띠 이야기	열두 띠가 생겨난 유래	지식 동화	사회, 문화	
3	1	당신이 하는 일은 모두 옳아요	믿음	명작 동화	인문, 사회	부탁하는 글 편지
	2	바깥 활동 안전 수첩	안전 수칙	설명문	사회, 안전	
	3	이르기 대장 나최고	이해, 나쁜 습관	창작 동화	인문, 사회	
	4	우리 땅 곤충 관찰기	여름에 만나는 곤충	관찰 기록문	과학, 기술	
4	1	고제는 알고 있다	친구 이해	창작 동화	인문, 사회	책을 소개하는 글 관찰 기록문
	2	여성을 위한 변호사 이태영	위인, 남녀평등	전기문	사회, 문화	
	3	염색약이냐 연필깎이냐, 그것이 문제로다!	현명한 선택	경제 동화	사회, 경제	
	4	내 직업은 직업 발명가	직업 선택	지식 동화	사회, 기술	
5	1	지하 정원	성실함, 선행	창작 동화	사회, 철학	독서 감상문 제안하는 글
	2	내 친구가 사는 곳이 궁금해	대도시와 마을	지식 동화	사회, 지리	
	3	팥죽 호랑이와 일곱 녀석	배려와 공감	반전 동화	인문, 사회	
	4	수다쟁이 피피의 요란한 바다 여행	환경 보호, 미세 플라스틱 문제	지식 동화	과학, 환경	
6	1	여행	여행, 체험	동시	인문, 문화	설명문 시
	2	마녀의 빵	적절한 상황 판단	명작 동화	인문, 사회	
	3	숨바꼭질	자존감	창작 동화	사회, 문화	
	4	한반도의 동물을 구하라!	한반도의 멸종 동물들	설명문	과학, 환경	
7	1	작은 총알 하나	전쟁 반대, 평화	창작 동화	인문, 평화	기행문 논설문
	2	백제의 숨결, 무령왕릉	문화 유산 답사	기행문	역사, 문화	
	3	돌멩이 수프	공동체, 나눔	명작 동화	사회, 문화	
	4	우리 교실에 벼가 자라요	식물의 한살이	지식 동화	과학, 기술	
8	1	헬로! 두떡 마켓	북한 주민 정착	창작 동화	사회, 문화	기사문 연설문
	2	2005 스탠퍼드대학교 졸업식 연설문	끊임없는 도전 정신	연설문	과학, 기술	
	3	피부색으로 차별받지 않는 무지개 나라	편견과 차별	지식 동화	문화, 역사	
	4	양반전	위선과 무능 풍자	고전 소설	사회, 문화	

3 어휘력 + 독해력 + 표현력을 한번에 잡는 3단계 독서 프로그램

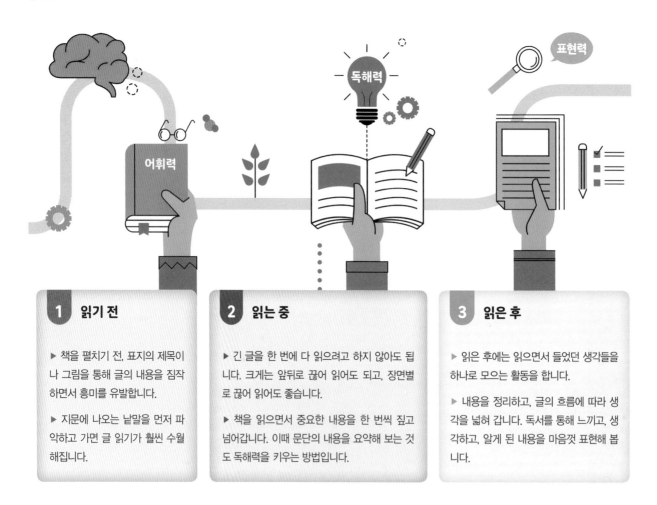

1 읽기 전

▶ 책을 펼치기 전, 표지의 제목이나 그림을 통해 글의 내용을 짐작하면서 흥미를 유발합니다.

▶ 지문에 나오는 낱말을 먼저 파악하고 가면 글 읽기가 훨씬 수월해집니다.

2 읽는 중

▶ 긴 글을 한 번에 다 읽으려고 하지 않아도 됩니다. 크게는 앞뒤로 끊어 읽어도 되고, 장면별로 끊어 읽어도 좋습니다.

▶ 책을 읽으면서 중요한 내용을 한 번씩 짚고 넘어갑니다. 이때 문단의 내용을 요약해 보는 것도 독해력을 키우는 방법입니다.

3 읽은 후

▶ 읽은 후에는 읽으면서 들었던 생각들을 하나로 모으는 활동을 합니다.

▶ 내용을 정리하고, 글의 흐름에 따라 생각을 넓혀 갑니다. 독서를 통해 느끼고, 생각하고, 알게 된 내용을 마음껏 표현해 봅니다.

예비 초등 ~1학년의 독서법

읽기 능력을 살리는 '장면별 끊어 읽기'

창작/전래/이솝 우화 등 짧지만 아이들의 감성을 자극하고 공감을 끌어낼 수 있는 이야기글을 수록하였습니다. 어린 연령일수록 읽기에 대한 거부감을 줄이고, 독서에 대한 재미를 더합니다.

2학년 이상의 독서법

사고력과 비판력을 키우는 '깊이 읽기'

동화뿐 아니라 시, 전기문, 기행문, 설명문, 연설문, 고전 등 다양한 갈래를 다루고 있습니다. 읽기 능력 신장을 위해 저학년에 비해 긴 글을 앞뒤로 나누어 읽어 봅니다. 흥미로운 주제와 시공간을 넘나드는 폭넓은 소재로 아이들의 생각을 펼칠 수 있게 하였습니다.

4 사고력 확장을 위한 서술·논술형 문제 출제

공감적 사고   논리적 사고   균형적 사고   창의적 사고   비판적 사고

초등학생에게 논술은 '생각 쓰기 연습'에 해당합니다.

교육 평가 과정이 객관식에서 주관식 평가로 점차 변화하고 있습니다. 학교에서는 지필고사를 대신한 수행평가가 수시로 이루어지고 있습니다. 정오답을 찾는 단선적인 객관식보다 사고력을 평가할 수 있는 주관식의 비율이 높아지고, 국어뿐 아니라 수학, 사회, 과학 등 서술형 평가가 확대되고 있습니다. 이런 평가를 대비하여 글을 읽고, 생각을 표현하는 방법을 다각도로 훈련할 수 있도록 구성하였습니다.

이 책에서 출제된 서술·논술형 문제 유형은 다음과 같습니다.

> "만약에 나라면 어떻게 했을지 쓰세요." 균형, 비판

> "왜 그런 행동(말)을 했을지 쓰세요." 공감, 논리

> "다음과 같은 상황에 처했을 때 주인공은 어떻게 했을지 쓰세요." 창의, 비판

> "등장인물에게 나는 어떤 말을 해 주고 싶은지 쓰세요." 공감, 균형

> "A와 B의 비슷한(다른) 점은 무엇인지 쓰세요." 논리, 비판

글을 읽을 때 생각이 자라지만, 생각한 바를 표현할 때에도 사고력은 더 확장됩니다. 꼼꼼하게 읽고, 중간중간 내용을 확인한 후에 전체적으로 읽은 내용을 정리해 봄으로써 생각을 다듬고 넓혀 갈 수 있습니다. 한 편의 글을 통해 주인공의 입장이 되어 보기도 하고, '나라면 어땠을까?'를 생각해 보는 연습이 논술에 해당합니다. 하나의 주제를 담고 있는 글을 읽고 내용의 옳고 그름을 판단하기도 하고, 글의 전체적인 맥락을 파악함으로써 논리적이고 비판적인 사고를 할 수 있습니다.

> **지도팁** 장문의 글을 써야 하는 논술 문제는 없지만, 자신의 생각을 마음껏 표현할 수 있게 유도해 주세요. 글로 바로 쓰는 게 어렵다면 말로 표현해 볼 수 있도록 지도해 주시기 바랍니다. 말로 표현한 것을 문장으로 다듬어 쓰다 보면, 생각한 것이 어느 정도 정리됩니다. 여러 번 연습한 후에 논리가 생기고, 표현력 또한 자라게 될 것입니다. 다소 엉뚱한 대답일지라도 나름의 논리와 생각의 과정이 건강하다면 칭찬을 아끼지 마십시오.

이렇게 활용하면 좋아요!

2학년을 위한 3권 / 4권

2학년부터 본격적인 깊이 읽기를 시작합니다.
그림이나 이미지보다 글에 더 집중하여 내용을 파악하고,
해석하는 연습이 필요합니다. 긴 호흡으로 읽기에 조금
벅찰 수도 있으니 혼자 읽게 하지 말고 같이 읽어 주세요.

천천히 꼼꼼하게 읽는 습관을
들이는 것이 좋습니다.

🌸 공부 계획 세우기

13쪽
권별 전체 학습 계획

주차 학습
시작 페이지
주별 학습 확인

한 주에 한 편씩, 5일차 학습 설계

학습자의 읽기 역량에 따라 하루에 1~2일차를 이어서 할 수도 있고, 1일차씩 끊어서 학습할 수도 있습니다.
계획한 대로 학습이 이루어졌는지 자기 점검을 꼭 해 보세요.

🌸 학년별 특강 [갈래별 글쓰기]

국어과 쓰기 학습에 필요한 '갈래별 글쓰기' 연습을 통해 표현력을 키울 수 있도록 구성하였습니다.

그림일기를 시작으로 기행문, 논설문까지 국어 교과서에서 학년별로 다루는 다양한 갈래의 개념을 설명하고, 이를 구조적으로 쉽게 풀어서 쓸 수 있는 방법을 연습합니다.

◀ 지도팁 쓰기에 취약한 친구들은 단계적으로 순서를 밟아 쓸 수 있도록 해 주세요.

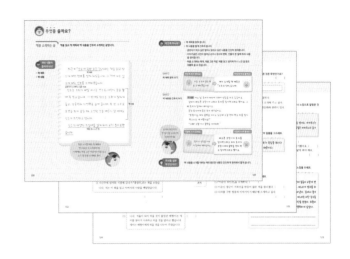

🌸 온라인 제공 [독서 노트]

길벗스쿨 홈페이지(www.gilbutschool.co.kr) 자료실에서 독서 노트를 내려받아 활용할 수 있습니다. 책을 읽고 느낀 점이나 인상 깊었던 점을 간략하게 쓰거나 그리고, 재미있었는지도 스스로 평가해 봅니다. 이 책에 제시된 글뿐만 아니라 추가로 읽은 책에 대한 독서 기록을 남길 수도 있습니다.

▶ 길벗스쿨 홈페이지
독서 노트 내려받기

매일 조금씩 책 읽는 습관이
아이의 사고력을 키웁니다.

3단계 독서 프로그램

① 읽기 전

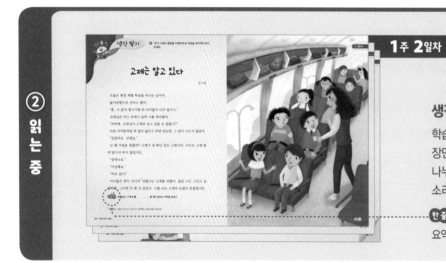

1주 1일차

생각 열기

읽게 될 글의 그림이나 제목과
관련지어서 내용을 미리 짐작해 본다거나
배경지식을 떠올리면서 읽는 목적을
분명히 하는 활동입니다.

② 읽는 중

1주 2일차

생각 쌓기

학습자의 읽기 역량에 따라 긴 글을
장면별로 끊어 읽기도 하고, 전후로 크게
나누어 읽어 봅니다. 부모님과 함께
소리 내어 읽어 보는 것은 어떨까요?

한줄톡! 은 읽은 글의 내용을 한 문장으로
요약해 보는 활동입니다.

③ 읽은 후

1주 4일차

생각 정리

글의 내용을 한눈에 정리해 보는 활동입니다.
장면을 이야기의 흐름대로 정리해 볼 수도
있고, 주요 내용을 채워서 이야기의
흐름을 완성할 수도 있습니다.

생각 넓히기

다양한 사고력을 필요로 하는 서술·논술형
문제들입니다. 글을 읽고 생각한 바를
다양한 방법으로 표현해 볼 수 있습니다.

어휘력 쑥쑥!

낱말 탐구

글에 나오는 주요 어휘를
미리 공부하면서 읽기를 조금 더 수월하게
이끌어 갑니다. 뜻을 모를 때에는
가이드북을 참고하세요.

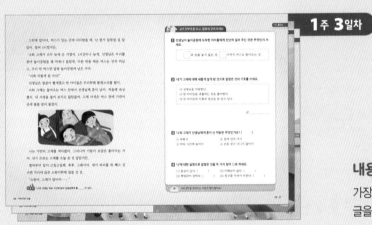

1주 3일차

독해력 척척!

내용 확인 (독해)

가장 핵심적인 독해 문제만 실었습니다.
글을 꼼꼼하게 읽었는지 확인할 수 있습니다.

표현력 뿜뿜!

1주 5일차

배경지식 탐구 / 쉬어가기

읽은 글의 내용과 관련된 배경지식을
담았습니다. 주제와 연관된 추천 도서도
살펴볼 수 있습니다. 잠깐 쉬면서
머리를 식히는 코너도 마련했습니다.

독서 노트

읽은 책에 대한 감상평을 남겨 보세요.
별점을 매기며 종합적으로 평가해
보는 것도 좋습니다.

차례 보고 만드는 독서 다이어리

차례

* 한 주에 한 편씩 계획을 세워 독서 다이어리를 완성해 보세요.

자유롭게
적어 봐~

주차별	읽기 전	읽는 중		읽은 후	
글의 제목	생각 열기 낱말 탐구	생각 쌓기 내용 확인		생각 정리 생각 넓히기	독서 노트
예 ○주 글의 제목을 쓰세요.	3/3 😣 낱말이 어렵다 ㅠ-ㅠ	3/5	3/6 문제 다 맞음! ★ ★ ★	3/7	/
	/	/	/	/	/
	/	/	/	/	/
	/	/	/	/	/
	/	/	/	/	/

특강
갈 래 별 글 쓰 기

갈래 1	무엇을 쓸까요?	어떻게 쓸까요?	이렇게 써 봐요!
	/		/

갈래 2	무엇을 쓸까요?	어떻게 쓸까요?	이렇게 써 봐요!
	/		/

1주

창작 동화 인문, 사회

🏅 독서논술계획표

❯ 공부한 날짜를 쓰고, 끝마친 단계에는 V표를 하세요.

읽기 전			읽는 중					읽은 후		
	월	일		월	일		월	일		월	일
생각 열기	☐		생각 쌓기 1	☐		생각 쌓기 2	☐		생각 정리	☐
낱말 탐구	☐		내용 확인	☐		내용 확인	☐		생각 넓히기	☐

독서 노트 　월　　일

고제는 알고 있다

김기정

※ 이 글은 김기정 작가님께서 쓰신 『고제는 알고 있다』의 일부입니다.

![read]

생각 열기

1 가족이나 친구들 중에서 자신과 다른 점이 있는 사람의 이름을 쓰고, 어떤 점이 다른지 쓰세요.

●●●
성별, 나이, 생김새뿐만 아니라 성격, 좋아하거나 싫어하는 것, 잘하거나 못하는 것 등에서도 다른 점을 찾아보세요.

우린 쌍둥이지만 성격이 달라.

형은 급한 성격인데 나는 느긋한 성격이야.

이름	다른 점
예 같은 반 친구 김정환	예 나는 조용히 책 읽는 것을 좋아하는데, 정환이는 밖에서 뛰어노는 것을 좋아한다.

이름	다른 점

2 다음은 경기도 용인시의 한 초등학교에서 있었던 일이에요. 기국이의 네 친구들의 행동에 대해 어떤 생각이나 느낌이 들었는지 쓰세요.

● ● ●
네 친구들이 기국이를 위해 한 행동에 대해 어떻게 생각하는지 정리해 보세요.

✦**연골무형성증**: 뼈의 성장이 이루어지지 않는 병으로, 큰 머리, 넓고 튀어나온 이마, 낮은 콧대, 짧은 팔과 다리, 두드러진 배와 엉덩이, 짧은 손가락이 특징적으로 나타남.

한 초등학교 가을 운동회 날, 기국이를 포함한 6학년 친구 다섯 명이 나란히 달리기 결승선에 들어왔어요. 기국이는 ✦연골무형성증이라는 병을 앓고 있어 그동안 달리기를 할 때마다 꼴찌를 했는데, 이런 기국이를 위해 친구들이 계획한 일이었죠.

네 친구들은 출발 신호가 떨어지자마자 달려 나갔다가 기국이에게로 다시 돌아왔어요. 그러고는 기국이 손을 잡고 함께 달려 나란히 결승선에 들어왔어요. 모두가 일 등을 했고, 꼴찌는 없었지요.

낱말 탐구

1 다음 빈칸에 들어갈 알맞은 낱말을 보기 에서 찾아 쓰세요.

| 보기 | 감당 | 주의력 | 볼멘소리 | 술렁였다 |

내 짝은 [　　　　]이 무척 뛰어나다.

선생님이 나가시자 아이들이 [　　　　].

아기가 [　　　　]이 안 될 정도로 심하게 울었다.

문제가 너무 어렵네.

나는 어려운 시험 문제를 보고 [　　　　]를 하며 투덜거렸다.

2 다음 밑줄 친 말과 바꾸어 쓸 수 있는 낱말을 보기 에서 찾아 쓰세요.

보기　　　　일러　　　결핍　　　가물가물하게

텔레비전에서 영양 <u>부족</u>으로 힘들어
하는 아이를 보았다.

할머니께서 맛있는 사과를 고르는 방
법을 <u>말씀해</u> 주셨다.

공연장 뒤쪽에 앉아서 주인공의 얼굴
이 <u>희미하게</u> 보였다.

생각 쌓기

❶ '내'가 고제의 행동을 이해하게 된 과정을 생각하며 읽어 보세요.

고제는 알고 있다

김기정

오늘은 현장 체험 학습을 떠나는 날이야.

놀이공원으로 간다고 했어.

"휴, 나 혼자 챙기기엔 반 아이들이 너무 많구나."

선생님은 버스 안에서 슬쩍 나를 쳐다봤어.

"부탁해. 선생님이 고제만 보고 있을 순 없잖니?"

다른 아이들처럼 딱 잘라 싫다고 하면 되는데, 그 말이 나오지 않았어.

"알았어요. 선생님."

난 왜 거절을 못할까? 고제가 내 짝인 것도 그래서야. 아무도 고제 옆에 앉으려 하지 않았거든.

"냄새나요."

"이상해요."

"바보 같아!"

아이들은 한두 마디씩 내뱉고는 고제를 피했어. 물론 나도 그러고 싶었지만, 그러면 안 될 것 같았지. 나를 보는 고제의 눈빛이 흔들렸거든.

 한줄톡! 선생님은 '나'에게 ❶ _____ 를 챙겨 달라는 부탁을 하셨다.

✦내뱉고는: 마음에 내키지 아니하거나 못마땅한 어조로 불쑥 말하고는.

고제는 수업을 제대로 들은 적이 없어. 창밖을 보거나 책상 밑에 고개를 파묻기 일쑤야.

"고제야, 공부해야지."

처음엔 선생님이 뭐라 그랬는데, 꿈쩍도 안 해. 들리지 않나 봐.

"고제야! 안 들리니?"

나중에는 선생님도 포기한 거 같았어. 고제는 멀뚱멀뚱 눈만 꿈쩍였거든.

어느 때는 맘대로 교실을 왔다 갔다 하기도 했어. 고제는 하루에 꼭 한두 번씩은 사고를 쳐. 그건 고제 때문이기도 하고 아니기도 해.

어제 1교시도 그랬어. 갑자기 고제가 소완이 머리를 잡아당겼어.

"아얏! 너 왜 그래!"

소완이가 깜짝 놀라 소리를 질렀지. 그 바람에 교실이 술렁였는데, 고제는 바보처럼 대답도 못했어. 문제가 생기면 고제는 처음엔 무표정한 얼굴로 가만히 있지. 마치 '얼음 땡!'을 막 시작한 아이처럼.

선생님도 참다못해 화를 낼 때가 있어.

"고제, 너 왜 그런 거야!"

그러면 고제는 결국 터져 버려. 비명 비슷한 소리를 질러 버리거든. 으어우어아아앙앙!

이번엔 거꾸로 교실 전체가 꽁꽁 얼어 버려.

+**일쑤**: 흔히 또는 으레 그러는 일.
+**꿈쩍도 안 해**: 전혀 활동하거나 일을 안 해.

 고제가 가장 좋아하는 건 지하철이야. 지하철만 보면 눈이 반짝반짝 빛난대.

 일부러 지하철을 탔댔어. 뱅뱅 돌아 몇 번씩 갈아타기도 한댔지. 소리만 듣고도 1호선부터 9호선까지 맞힐 수 있다나.

"그런 걸 잘해서 뭐에 쓰게?"

내가 물었을 때, 고제는 ⁺배시시 웃었어.

"지하철 소리가 좋아. 히히히."

어이없지?

나도 모르게 우린 같이 웃었어.

 고제는 ❷ _____ 을 가장 좋아한다.

⁺**배시시**: 입을 조금 벌리고 소리 없이 가볍게 웃는 모양.

날마다 고제 엄마는 교문에서 기다려. 며칠 전엔 나를 가게로 데려가더니 아이스크림을 사 주셨지.

"우리 고제와 친하게 지내 줘서 고마워."

처음엔 그게 무슨 말인지 몰랐어. 친구랑 친하게 지내는 게 고맙다니 좀 웃기잖아. 집에 가서 엄마에게 그 얘길 했어.

"고제는 ADHD(주의력 결핍 과잉 행동 장애)에다 자폐 증세까지 있대."

"그게 뭔데?"

"머릿속이 우리하고 조금 다른 거야."

"어떻게?"

"생각하고 몸하고 다르대. 그래서 엉뚱하고 이상한 짓도 하지. 아무튼 우리하곤 많이 달라. 친해지는 데 시간이 좀 걸릴 거야. 그러니까 네가 이해해 줘야 돼."

뭘 이해하란 말인지 난 알 수 없었어. 그렇지만 고제가 나쁜 아이가 아니란 건 말 안 해도 알지.

 '나'는 고제가 ❸ _____ 아이가 아니라는 것을 잘 안다.

✦자폐: 언어, 의사소통 발달 등에 있어서 늦거나 또는 비정상적인 기능을 보이는 발달 장애.

글의 앞부분을 읽고, 물음에 답해 보세요.

1 '나'의 반은 어디로 현장 체험 학습을 가는지 쓰세요.

✎_____

2 현장 체험 학습 때 '내'가 고제와 함께 다니게 된 까닭을 찾아 ○표 하세요.

(1) 고제를 좋아해서 (   )

(2) 선생님의 부탁을 거절하지 못해서 (   )

(3) 고제와 함께 관람차를 타기로 해서 (   )

3 고제에 대한 설명으로 알맞지 <u>않은</u> 것은 무엇인가요? (   )

① 지하철을 좋아한다.   ② 말을 재미있게 한다.

③ 학교에서 매일 사고를 친다.   ④ ADHD와 자폐 증세가 있다.

4 고제에 대한 '나'의 생각으로 알맞은 것을 찾아 기호를 쓰세요.

> ㉮ 나쁜 아이이다.
>
> ㉯ 당연히 친하게 지내야 하는 친구이다.
>
> ㉰ '나'와 많이 달라서 멀리해야 하는 친구이다.

✎_____

❂ 이어서 다음 글을 읽어 보세요.

어느새 우리를 태운 버스가 놀이공원에 다 왔어.

선생님은 우리한테 단단히 일러 주셨어.

"얘들아, 짝하고 절대 손을 놓으면 안 돼. 3시까지는 버스로 돌아와야
해. 알았지?"

나와 고제는 손을 꼭 잡았어. 고제가 너무 꽉 쥐어서 손이 아플 정도
였지만 참기로 했어. 고제는 내 짝이잖아. 고제는 곧잘 딴 길로 샜어.

다른 아이들이 놀이 기구를 따라 움직여도 고제는 뭔가에 한번 홀리
면 제멋대로야. 이번에도 그랬어. 갑자기 빠르게 걷기 시작했지.

이럴 때 고제는 힘이 엄청 세져.

"고제야, 어딜 가는 거야?"

순식간에 나와 고제는 반에서 떨어져 버렸어.

기다란 열차였어. 널따란 정원 사이를 달렸지.

고제는 열차를 보고 달려온 거야. 지하철을 좋아한댔잖아.

"이거 타려고?"

고제는 대답도 않고 ✦막무가내로 열차에 탔어.

그때까지도 내가 생각한 건 고제를 놓쳐서는 안 된다는 것뿐이었어.

선생님이 특별히 나에게 부탁까지 했잖아.

 한줄 톡! 고제는 막무가내로 ④ _____ 에 탔다.

✦**막무가내:** 아무 말도 듣지 않고 제 고집만 부리는 것.

고제는 관람차를 홀린 듯이 쳐다봤어. 어쩌면 관람차도 열차로 보였을지도 몰라. 하늘과 땅을 오가는 열차 말이야.

관람차 꼭대기에서 고제가 소리쳤지.

"저기, 우리 선생님!"

나는 가물가물해서 아무도 보이지 않는데 고제는 잘 보이나 봐.

그러곤 줄줄줄 반 아이들 이름을 대지 뭐야.

"저기 있다, 우찬민. 예희는 솜사탕가게, 민재랑 태주는 회전목마….."

솔직히 나는 조금 놀랐어. 고제가 우리 반 아이들 이름과 얼굴을 아주 잘 기억하고 있었거든. 나도 그동안 고제를 잘못 알고 있었나 봐.

고제는 아래쪽을 가리키며 소리쳤어.

"저기 소완이다."

그러면서 주절주절 혼잣말을 했어.

"소완이 머리카락에 송충이 기어갔다. 솔나방 애벌레."

나는 깜짝 놀라 물었어.

"송충이 떼어 내려고 머리카락 잡아당겼냐? 어제 그래서 그런 거야? 왜 말 안 했어?"

고제는 대답은 않고 멀리 소완이만 바라다봤어. 그제야 나는 고제가 수업 시간에 왜 그랬는지 알 것 같았지.

고제는 관람차를 다섯 번이나 더 탔어.

나도 말리지 않았지. 한편으론 좀 걱정도 되었어.

섣불리 말렸다가 또 떼를 쓰거나 비명이라도 지르면 나 혼자 감당할 수 없잖아.

그렇지만 꼭 그런 건 아냐.

고제는 나한테는 한 번도 그런 적이 없는걸.

나는 그냥 고제가 하고 싶은 대로 놔뒀어.

 고제는 ❺ _____ 의 이름과 얼굴을 잘 기억하고 있었다.

그런데 말이야, 버스가 있는 곳에 다다랐을 때, 난 뭔가 잘못된 걸 알았어. 벌써 4시였거든.

나와 고제가 너무 늦게 온 거였어. 1시간이나 늦게. 선생님은 우리를 찾아 놀이공원을 몇 바퀴나 돌았대. 다른 반을 태운 버스는 진작 떠났고, 우리 반 버스만 달랑 놀이공원에 남은 거야.

"너희 어떻게 된 거냐!"

선생님은 얼굴이 빨개졌고 반 아이들은 우리한테 볼멘소리를 했지.

나와 고제는 돌아오는 버스 안에서 선생님께 혼이 났어. 처음엔 속상했지. 내 사정을 들어 보지도 않았잖아. 고제 녀석은 버스 창에 기대어 금세 쿨쿨 잠이 들었어.

나는 가만히 고제를 쳐다봤어. 그러니까 기분이 조금은 좋아지는 거야. 내가 모르는 고제를 오늘 본 것 같았거든.

벌써부터 입이 근질근질해. 후후, 그래서야. 내가 허리를 쑥 빼고 건너편 자리에 앉은 소완이한테 말을 건 건.

"소완아, 고제가 말이야……."

 '나'와 고제는 약속 시간에 늦어 선생님에게 ❻_____이 났다.

글의 뒷부분을 읽고, 물음에 답해 보세요.

1 선생님이 놀이공원에 도착한 아이들에게 단단히 일러 주신 것은 무엇인지 쓰세요.

> ☐ 과 손을 놓지 않는 것, ☐ 시까지 버스로 돌아오는 것

2 '내'가 고제에 대해 새롭게 알게 된 것으로 알맞은 것의 기호를 쓰세요.

> ㉮ 선생님을 미워한다.
> ㉯ 반 아이들을 괴롭히는 것을 좋아한다.
> ㉰ 반 아이들의 이름과 얼굴을 잘 알고 있다.

✎ _____

3 '나'와 고제가 선생님에게 혼이 난 까닭은 무엇인가요? ( )

① 싸워서   ② 집에 먼저 가서
③ 약속 시간에 늦어서   ④ 손을 잡고 다니지 않아서

4 '나'에 대한 설명으로 알맞은 것을 두 가지 찾아 ○표 하세요.

(1) 효심이 깊다. ( )   (2) 이해심이 많다. ( )
(3) 책임감이 강하다. ( )   (4) 친구를 가려서 사귄다. ( )

이제 생각을 정리하고, 마음껏 펼쳐 볼까요?

생각 정리

1 『고제는 알고 있다』에서 일어난 일의 차례를 생각하며 빈칸에 알맞은 말을 쓰세요.

① '나'는 ADHD에다 자폐 증세까지 있는 고제를 이해해 줘야 한다는 엄마의 말씀이 이해가 되지 않았다.

② 고제는 하루에 한두 번씩 사고를 치는데, 어제도 [   ]의 머리를 잡아당겼다.

③ 현장 체험 학습 날, 선생님은 '나'에게 고제를 부탁하셨고, '나'는 그 부탁을

[   ].

④ 놀이공원에 도착한 뒤, 선생님은 3시까지 버스로 돌아와야 한다고 말씀하셨다.

5 '나'와 고제는 순식간에 반 아이들과

떨어져 열차를 탔다.

6 고제와 관람차를 탄 '나'는 고제가 반 아이

들의 이름과 얼굴을 잘 기억한다는 사실과

을

알게 되었다.

7 '나'와 고제는 관람차를 다섯 번이나 더

탔다. 그래서 .

8 '나'와 고제는 돌아오는 버스 안에서 선생

님에게 .

생각 넓히기

1 집으로 돌아오는 버스 안에서 '나'는 소완이에게 말을 걸었어요. '내'가 소완이에게 어떤 말을 했을지 상상하여 쓰세요.

고제를 이해하게 된 '내'가 소완이에게 어떤 말을 했을지 생각해 보세요.

소완아, 고제가 말이야.

2 자신이 '나'라면 다음 상황에서 어떻게 말했을지 생각하여 쓰세요.

'나'처럼 말할지 아니면 전혀 다르게 말할지 자유롭게 생각해서 써 보세요.

선생님이 '나'에게 고제를 부탁하셨을 때

부탁해. 선생님이 고제만 보고 있을 순 없잖니?

고제 엄마가 '나'에게 고맙다고 말씀하셨을 때

고제와 친하게 지내 줘서 고마워.

----

3 '나'와 고제는 약속 시간에 늦어 선생님에게 혼이 났어요. 선생님과 '나'의 입장이 되어 보고, 빈칸에 이어질 말을 쓰세요.

'나'와 고제가 약속 시간에 늦어서 선생님과 반 아이들에게 생긴 일. '나'와 고제가 약속 시간에 늦은 까닭을 각각 생각해 보세요.

왜 이렇게 늦었니? 너희 때문에

죄송해요. 제가 늦은 까닭은

4 고제를 대하는 반 아이들과 '나'의 태도는 서로 달랐어요. 다음 그림을 통해 어떻게 다른지 살펴보고, '나'를 칭찬하는 말을 쓰세요.

● ● ●
'편견'은 공평하거나 올바르지 못하고 한 쪽으로 치우친 생각 을 말해요. 고제를 편견 없이 대하며 배려했던 '나'를 칭찬하는 말을 써 보세요.

'나'를 칭찬하는 말

편견을 버려요!

편견은 '공평하거나 올바르지 못하고 한쪽으로 치우친 생각'을 말해요. 다음 그림을 보고 편견에 대해 생각해 봐요.

서우, 다연, 태오 중에서 편견을 가지고 있는 친구는 누구일까요? 세 친구 모두 편견을 가지고 있답니다. 운동을 좋아하면 달리기를 잘할까요? 통통한 사람은 무조건 달리기를 못할까요? 키가 큰 사람은 모두 달리기를 잘할까요? 세 친구는 모두 편견 때문에 공평하지 못한 말을 했어요.

우리가 가지고 있는 편견에 대해 더 생각해 보고, 편견을 버리려고 노력해 봐요. 편견을 버리면 더 넓고 깊은 생각을 할 수 있을 거예요.

이런 책도 있어요

고정욱, 『꼴찌 없는 운동회』, 내인생의책, 2015
이종은, 『분홍이 친구 사랑이』, 노루궁뎅이, 2014
조 프리드먼, 『거인 부벨라와 지렁이 친구』, 주니어RHK, 2016

두 눈을 크게 떠요! 집중력 테스트

[난이도 : 상 중 하]

★ 산더미처럼 쌓인 물건들 속에 꼬마가 잃어버린 물건이 있어요. 꼬마가 잃어버린 5개의 물건을 찾아 ○표 하세요.

• 정답은 가이드북 13쪽을 확인하세요.

2주

전기문 사회, 문화

⭐ 독서논술계획표

▸ 공부한 날짜를 쓰고, 끝마친 단계에는 V표를 하세요.

읽기 전			읽는 중					읽은 후		
월	일		월	일		월	일		월	일
생각 열기	☐		생각 쌓기 1	☐		생각 쌓기 2	☐		생각 정리	☐
낱말 탐구	☐		내용 확인	☐		내용 확인	☐		생각 넓히기	☐

독서 노트   월   일

여성을 위한 변호사
이태영

※ 이태영은 우리나라 최초의 여성 변호사로, 호주제 폐지, 가족법 개정 등 여성에게 불평등한 제도를 바로잡기 위해 노력한 인물입니다.

1 그림에서 다음과 같은 일을 하는 사람은 누구인지 찾아 쓰세요.

법정에는 판사, 검사, 변호사, 피고 등이 있어요. 주어진 설명과 같은 일을 하는 사람은 누구인지 생각해 보세요.

✦피고: 재판을 받는 사람.

재판을 진행하고, 피고에게 판결을 내리는 사람.

재판에서 피고와 같은 편에 서서 최대한 벌을 덜 받을 수 있게 도와주는 사람.

2 다음 그림에 나온 인물들의 말을 살펴보고, 어떤 생각이나 느낌이 드는지 쓰세요.

• • •
그림의 상황을 파악해
보고, 그 상황에 대한
자신의 생각이나 느낌
을 정리해 보세요.

낱말 탐구

1 다음 사전이 하는 말을 읽고, 문장에 어울리는 낱말을 찾아 ○표 하세요.

이곳에서 재판을 해.

| 법정 | 함정 | 에서
죄가 없다는 것이 밝혀졌다.

아무것도 없는 빈 곳을 뜻하는 낱말이야.

자리를 좁혀 한 사람이 더 앉을 | 중간 | 공간 | 을 만들었다.

법원에서 죄가 있고 없음을 법에 따라 판단하여 결정하는 것을 말해.

선생님은 반 친구들이 싸울 때마다 공평하게 | 연결 |
| 판결 | 을 내리셨다.

죄가 없다는 것을 뜻하는 낱말이야.

변호사는 계속 | 무죄 |
| 무리 | 를 주장하였다.

2 다음 뜻에 알맞은 낱말이 되도록 빈칸에 들어갈 글자를 보기 에서 찾아 쓰세요.

보기   연   야   누   헛   별   의

사람의 성질이나 행동, 생김새 따위가 빈틈이 없이 꽤 단단하고 굳세다.

☐ 무지다

아무 보람이나 실속이 없다.

☐ 되다

일의 앞뒤 사정과 까닭.

사 ☐

다르다고 해서 얕보거나 대접을 소홀하게 하는 것.

차 ☐

잘못이 없는데도 억울하게 뒤집어쓰는 죄나 허물.

☐ 명

어떠한 일을 이루고자 하는 마음.

☐ 지

여성을 위한 변호사 이태영

나는 1914년 평안북도 운산에서 2남 1녀 중 막내로 태어났어. 아버지가 일찍 돌아가셔서 집안 *형편이 좋지 못했지.

내가 어렸을 때 우리나라는 일본에게 나라를 빼앗겼어.

하루는 어떤 일본 아이가 우리나라를 자기네 땅이라고 우겨서 내가 말했지.

"우리나라가 일본 땅이라고? 말도 안 돼! 당장 너희 나라로 돌아가!"

그 *바람에 나는 일본 경찰에게 붙잡혀 가기도 했단다.

이렇게 나는 어려서부터 무척 야무지고 옳지 못한 것은 반드시 짚고 넘어가야 하는 성격이었어.

*형편: 살림살이의 모양이나 상태.
*바람: 뒷말의 근거나 원인을 나타내는 말.

　내가 어렸을 때 다른 집은 딸을 학교에 보내지 않는 경우가 많았어. 하지만 우리 어머니는 달랐지. 아들딸을 구별하지 않으셨어. 나는 어머니 덕분에 학교에 다닐 수 있었지.

　그런데 어느 날, 우연히 어머니께서 혼잣말하시는 것을 들었어.

　"공부해야 할 아들은 초저녁부터 자는데, 공부 안 해도 되는 딸은 밤 늦게까지 공부하는구나."

　나는 그 말을 듣고 너무 서운해서 어머니께 처음으로 대들었어.

　"딸은 공부 안 해도 된다고요? 아들만 공부하란 법이 어디 있어요?"

　"태영아, 엄마가 정말 미안해. 오빠가 공부를 안 해서 속상해서 한 말이야. 다시는 그런 말 안 할게."

　어머니께서는 무척 미안해하셨어.

 이태영은 어렸을 때 어머니 덕분에 ❶ _____ 에 다닐 수 있었다.

나는 어른들이 아들만 귀하고 딸은 귀하지 않다고 생각하는 게 이상해서 웅변대회에 나가 내 생각을 당당히 말했어. 그날 큰오빠가 말했어.

"태영아, 너의 당당한 모습에 놀랐어. 너는 커서 변호사가 되면 좋겠다."

"변호사가 뭐예요?"

"어떤 사람이 죄가 없을 때 그것을 대신 밝혀 주는 사람이야."

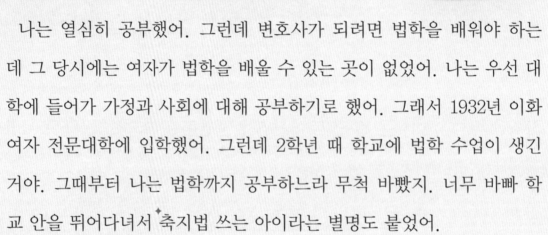

나는 그 말을 듣고 변호사가 되기로 결심했지.

나는 열심히 공부했어. 그런데 변호사가 되려면 법학을 배워야 하는데 그 당시에는 여자가 법학을 배울 수 있는 곳이 없었어. 나는 우선 대학에 들어가 가정과 사회에 대해 공부하기로 했어. 그래서 1932년 이화여자 전문대학에 입학했어. 그런데 2학년 때 학교에 법학 수업이 생긴 거야. 그때부터 나는 법학까지 공부하느라 무척 바빴지. 너무 바빠 학교 안을 뛰어다녀서 ⁺축지법 쓰는 아이라는 별명도 붙었어.

1936년에 졸업을 한 뒤에는 선생님이 되었어. 학생들을 가르치며 돈을 번 뒤, 외국에 가서 법학 공부를 계속할 생각이었지. 하지만 그럴 수 없었어. 독립운동을 하는 가난한 청년과 결혼했거든.

남편은 독립운동을 하다가 감옥에 갇혔어.

나는 홀로 아이들을 키워야 했기 때문에 무슨 일이든 해야 했어. 그래서 선생님을 그만두고 ⁺누비이불을 만들어 팔기 시작했지.

⁺**축지법**: 도술을 부려 땅을 좁혀서 먼 거리를 아주 빨리 갈 수 있게 한다는 방법.
⁺**누비이불**: 두 겹의 천 사이에 솜을 넣고 일정한 간격으로 바느질을 하여 한데 붙여 만든 이불.

"이불 사세요! 누비이불 사세요!"

나는 밤새 누비이불을 만들고 아침이 되면 이곳저곳을 다니며 팔았어.

그러던 어느 날, 이불을 팔러 가다가 이화여자 전문대학에서 법학을 가르쳐 주시던 선생님을 만났어.

"법관이 되겠다던 태영이도 별수 없구나."

나는 그 말을 듣고 집으로 돌아오면서 결심했어. 힘들지만 일하면서 공부도 하기로 말이야.

그리고 그날부터 법학책을 보면서 이불을 만들었어.

 이태영은 남편이 감옥에 갇히자 ❷ _____ 을 팔았다.

✦**법관**: 법원에 소속되어 각종 사건이나 소송을 법에 따라 해결하거나 조정하는 권한을 가진 사람.

1945년에 우리나라는 일본에게 빼앗겼던 나라를 되찾았어. 남편도 감옥에서 풀려났지. 남편은 나라의 중요한 일을 하게 되어 경성으로 떠났어. 그리고 얼마 뒤 나에게 편지를 보냈어.

"이제부터는 당신이 원하던 법학 공부를 해요. 나도 힘껏 돕겠소."

나는 눈물을 흘렸어. 남편의 마음에 감동했고, 공부만 할 수 있어서 몹시 기뻤지. 나는 누비이불 파는 일을 그만두고 본격적으로 법학 공부를 했어. 정말 열심히 공부했지.

1946년, 드디어 서울대학교 법과대학에 합격했어. 우리나라 여성 최초로 법과 대학생이 된 거야. 그때 나는 아이가 넷이나 되는 서른세 살의 아줌마였어.

 한줄톡! 이태영은 우리나라 여성 최초로 서울대학교 ❸ _____ 대학에 합격했다.

✦**경성**: 우리나라가 일본에게 강제로 나라를 빼앗겼던 시대에 '서울'을 이르던 말.
✦**본격적**: 어떤 일을 제대로 해 나가는. 또는 그런 것.

글의 앞부분을 읽고, 물음에 답해 보세요.

1 이태영이 살았던 시대의 상황으로 알맞은 것에 ○표 하세요.

(1) 남자와 여자를 차별하였다. (   )

(2) 여자는 직업을 가질 수 없었다. (   )

(3) 외국인이 우리나라에 살 수 없었다. (   )

2 이태영은 큰오빠의 말을 듣고 무엇이 되기로 결심했는지 쓰세요.

✎＿＿＿＿＿＿＿＿＿

3 이태영이 한 일이 <u>아닌</u> 것의 기호를 쓰세요.

㉮ 누비이불을 팔았다.
㉯ 독립운동을 하다 감옥에 갇혔다.
㉰ 우리나라 여성 최초로 서울대학교 법과대학에 합격했다.

✎＿＿＿＿＿＿＿＿＿

4 이태영의 성격으로 알맞지 <u>않은</u> 것은 무엇인가요? (   )

① 야무지다.   ② 겁이 많다.
③ 적극적이다.   ④ 끈기가 있다.

⭐ 이어서 다음 글을 읽어 보세요.

나는 법과대학에서 공부하면서 그 어느 때보다 행복했어. 공부하랴 아이 키우랴 힘들었지만 말이야.

여자가 법 공부를 해서 뭐하냐는 소리를 듣기도 했지만 상관하지 않았어. 오로지 법관이 되어야겠다는 생각뿐이었지. 나는 열심히 공부해서 1950년에 서울대학교 법과대학을 졸업했어.

졸업한 뒤에는 법관이 되기 위해 *사법 시험을 봤어. 하루 종일 자리에 앉아 공부만 했는데도 첫 번째 시험에서 떨어졌어.

그렇지만 실망하지 않았어. 다시 한번 더 용기를 냈지.

두 번째 시험을 치르던 날이었어. 한 학생이 다가와 나에게 물었어.

"덥지 않으세요?"

그러고 보니 다른 사람들은 모두 여름옷을 입고 있는데, 나만 겨울옷을 입고 있었어. 공부만 하느라 여름이 된 줄도 몰랐던 거야. 그렇게 노력한 덕분에 1952년에 당당히 사법 시험에 합격했어.

*사법 시험: 판사, 검사, 변호사 따위가 되기 위해 보는 시험.

"세상에, 여자가 사법 시험에 합격했다는군요."

"애가 넷이나 있는 주부래요."

사람들은 우리나라 최초로 사법 시험에서 여자 합격생이 나왔다는 것을 알고 깜짝 놀랐어.

사법 시험에 합격한 나는 판사가 되고 싶었어. 하지만 여자이기 때문에 판사가 될 수 없었지. 나는 몹시 실망스럽고 화가 났어.

'변호사가 되자. 그래서 나처럼 억울한 일을 당하는 여성들을 돕자.'

1953년, 나는 우리나라 최초로 여성 변호사가 되었어. 집에 변호사 사무실을 열자 기다렸다는 듯 억울한 사연을 가진 여성들이 몰려왔지.

"아들을 낳지 못해 구박만 받다 쫓겨났어요."

"남편에게 진짜 부인이 따로 있었어요."

나는 여성들의 억울한 이야기를 들으며 마음이 아팠어.

 한줄톡! 이태영은 우리나라 최초로 여성 ❹ _____ 가 되었다.

1956년에는 여성들을 위한 법률 상담소를 열었어.

얼마 뒤, 안씨 성을 가진 부인이 나를 찾아왔어.

"남편이 저와 이혼하려고 누명을 씌웠어요. 이혼을 하게 되면 자식과
재산을 빼앗기고 여자인 저만 쫓겨날 거예요."

그 당시에는 이혼을 하면 남편만 자식을 키울 수 있었고, 남편과 아내
가 함께 벌어서 재산을 모았더라도 무조건 남편의 것으로만 인정됐어.
그리고 딸은 부모의 재산을 물려받지 못했지. 이 모든 게 가족법이 잘
못되었기 때문이야.

나는 억울한 처지에 있는 안씨 부인을 도와주기로 했어. 많은 여성이
이 재판에 관심을 가졌어. 법정까지 와서 나와 안씨 부인을 응원해 주
는 사람도 있었지.

마침내 판결이 났어.

"안씨 부인은 무죄입니다."

순간 법정에 있던 모든 여성이 만세를 불렀어.

"안씨 부인 만세! 이태영 만세!"

나는 기쁘기도 했지만, 답답한 마음도 들었어.

'이 재판에서 이겼다고 해서 끝난 게 아니야. 법을 바꾸
지 않으면 억울한 일을 당하는 여성은 계속 생길 거야.'

여성을 차별하는 법이 여성들을 힘들게 하고 있었던 거
지.

+**법률:** 나라에서 정한 법.
+**가족법:** 가족의 생활 관계에 대한 내용을 정해 놓은 법.

나는 여성을 차별하는 가족법을
바꾸기 위해 노력했어.

전국을 돌아다니며 가족법⁺개정
에 대한 강연을 하였고, 신문에 글
도 썼어. 텔레비전이나 라디오 방
송에 나가 가족법이 얼마나 잘못되었는지 설명하기도 했어.

"이제 막 변호사가 된 사람이, 그것도 여자가 법을 고치려고 하다니,
제정신이 아니군!"

많은 사람이 가족법 개정을 반대했어. 특히 남자들의 반대가 심했지.
그러나 나는 포기하지 않았어.

가족법을 개정합시다

 한줄톡! 이태영은 ❺_____을 개정하기 위해 노력하였다.

⁺**개정:** 주로 문서의 내용 따위를 고쳐 바르게 함.

난 또 다른 계획을 갖고 있었어. 여성들만의 공간을 만드는 거였지.

"여성의 힘을 하나로 모을 공간이 필요해요."

나는 건물을 지을 벽돌값을 모으는 운동을 시작했어. 많은 여성의 도움으로 1976년에 여성 백인 회관을 세울 수 있었어.

그리고 1977년, 19년을 노력한 끝에 드디어 가족법이 개정되었어.

나는 호주제를 ⁺폐지하려고도 노력했어. 호주제는 남자들만 집안의 주인이 될 수 있는 제도야. 하지만 나는 호주제가 없어지는 것을 보지는 못했어. 내가 1998년에 세상을 떠났기 때문이야.

그런데 내 노력이 헛된 것은 아니었어. 다른 사람들이 계속 노력한 덕분에 2005년에 호주제가 없어졌거든.

난 내가 옳다고 믿는 일은 반드시 해내기 위해 노력했어. 너희도 이루고 싶은 일이 있다면 포기하지 말고 노력해 봐. 의지가 있다면 꼭 이룰 수 있을 거야. 너희들을 응원할게.

 이태영은 ❻ ＿＿＿＿＿＿ 의 힘을 하나로 모을 공간이 필요하다고 생각하여 여성 백인 회관을 세웠다.

⁺폐지하려고도: 실시하여 오던 제도나 법규, 일 따위를 그만두거나 없애려고도.

글의 뒷부분을 읽고, 물음에 답해 보세요.

1 두 번째 사법 시험을 치르던 날, 이태영이 여름옷 대신 겨울옷을 입고 간 까닭은 무엇인지 기호를 쓰세요.

> ㉮ 여름옷이 없어서
> ㉯ 더위를 잘 참을 수 있어서
> ㉰ 공부하느라 계절이 바뀐 것을 몰라서

✎ _____

2 이태영이 판사가 될 수 없었던 까닭은 무엇인지 쓰세요.

✎ _____

3 바뀌기 전의 가족법 내용으로 알맞은 것에 ○표 하세요.

(1) 이혼을 하면 엄마가 자식을 키운다. (　　　)
(2) 딸은 부모의 재산을 물려받지 못한다. (　　　)
(3) 남편과 아내가 함께 모은 재산은 남편과 아내 모두의 것이다. (　　　)

4 이태영이 여성을 위해 노력한 일이 <u>아닌</u> 것은 무엇인가요? (　　　)

① 이혼 금지　　　　　② 가족법 개정
③ 호주제 폐지　　　　④ 여성 백인 회관 건설

 이제 생각을 정리하고, 마음껏 펼쳐 볼까요?

생각 정리

읽은 후

1 『여성을 위한 변호사 이태영』에서 이태영이 살아온 과정을 정리하며 빈칸에 알맞은 말을 쓰세요.

이태영

1914년
평안북도 운산에서 태어남.

1952년
우리나라 여성 최초로

1950년
서울대학교 법과대학을 졸업함.

1953년
우리나라 최초로 여성

 가 됨.

1976년

을 세움.

1932년

에 입학함.

1933년

대학에서 법학 공부를 시작함.

1946년

우리나라 여성 최초로 서울대학교

에 합격함.

1936년

• 이화여자 전문대학을 졸업함.
• 독립운동을 하는 가난한 청년
  과 결혼함.

1977년

이태영의 노력으로

이 개정됨.

1998년

세상을 떠남.

(사진 출처: 한국가정법률상담소)

생각 넓히기

1 다음은 이태영을 인터뷰한 내용이에요. 사회자의 질문에 이태영이 어떤 대답을 했을지 생각하여 쓰세요.

●●●
이태영의 업적과 그 업적을 이루게 된 계기를 정리해 보세요.

여성을 위해 하신 일은 무엇인가요?

가족법 개정과 호주제 폐지, 여성 백인 회관 건설을 위해 노력했어요.

그 일을 하시게 된 까닭은 무엇인가요?

여러 가지 힘든 일도 많았을 텐데, 어떻게 참고 이겨 내셨나요?

2 이태영이 어릴 때 웅변대회에 나가서 주장한 내용이에요. 내가 이태영이었다면 어떤 이유를 들어 말했을지 간단히 쓰세요.

● ● ●
웅변대회는 여러 사람 앞에서 자신의 생각이나 감정 따위를 힘차고 막힘없이 당당하게 발표하는 대회를 말해요.

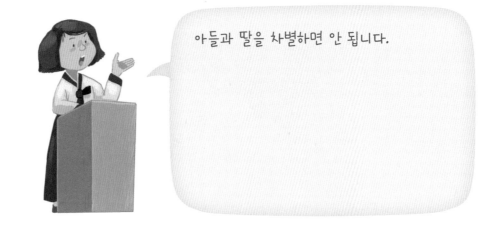

아들과 딸을 차별하면 안 됩니다.

3 이태영은 어떤 연설에서 여성을 차별하는 내용의 말을 바꾸어 말한 적이 있어요. 이태영처럼 다음 말을 바꾸어 쓰세요.

● ● ●
여성을 차별하지 않는 내용의 말로 바꾸어 보세요.

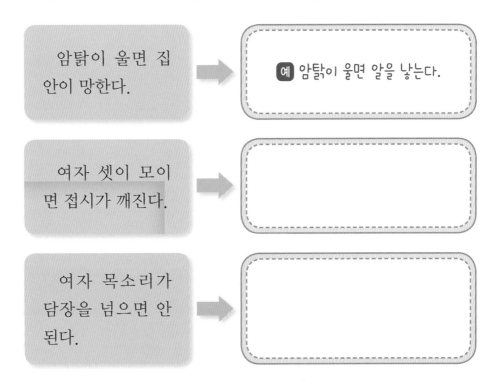

암탉이 울면 집안이 망한다.	→	예 암탉이 울면 알을 낳는다.
여자 셋이 모이면 접시가 깨진다.	→	
여자 목소리가 담장을 넘으면 안 된다.	→	

4 우리나라 돈에 나오는 위인 중에서 여성은 신사임당뿐이에요. 그래서 이태영을 새롭게 추천하려고 해요. 빈칸에 알맞은 내용을 써서 추천서를 완성해 보세요.

•••
이태영의 업적을 떠올리며 추천하는 까닭을 정리해 보세요.

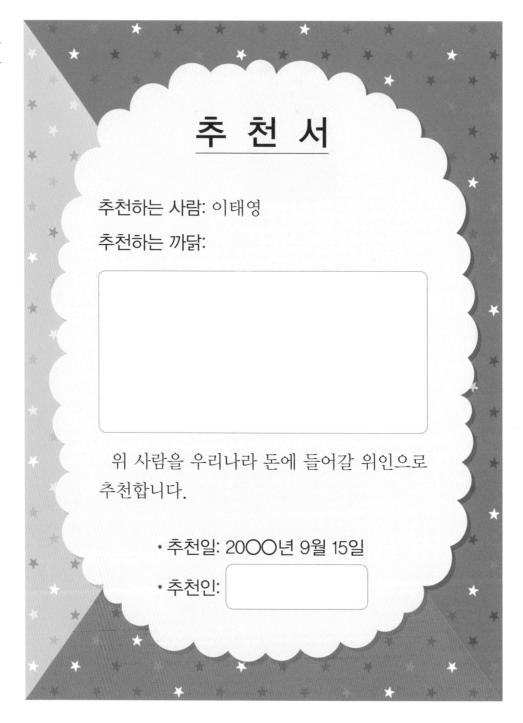

추 천 서

추천하는 사람: 이태영

추천하는 까닭:

위 사람을 우리나라 돈에 들어갈 위인으로 추천합니다.

• 추천일: 20○○년 9월 15일

• 추천인:

5 이태영처럼 바꾸고 싶은 규칙이 있나요? 평소에 지켜야 했던 규칙 중에서 바꾸고 싶은 것을 한 가지 떠올려 빈칸에 알맞은 내용을 쓰세요.

•••
모든 사람과 지키기로 약속한 규칙, 가족이나 친구끼리 지키기로 약속한 규칙 중에서 바꾸고 싶은 것을 떠올려 보세요.

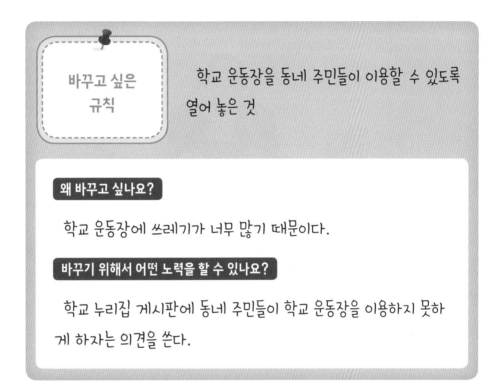

바꾸고 싶은 규칙

학교 운동장을 동네 주민들이 이용할 수 있도록 열어 놓은 것

왜 바꾸고 싶나요?

학교 운동장에 쓰레기가 너무 많기 때문이다.

바꾸기 위해서 어떤 노력을 할 수 있나요?

학교 누리집 게시판에 동네 주민들이 학교 운동장을 이용하지 못하게 하자는 의견을 쓴다.

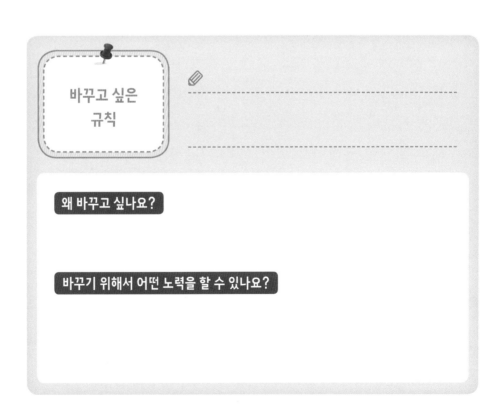

바꾸고 싶은 규칙

왜 바꾸고 싶나요?

바꾸기 위해서 어떤 노력을 할 수 있나요?

여성의 참정권을 얻기 위해 노력한 **수전 앤서니**

여자도 투표를 해야 해요!

여자가 무슨 투표야!

여자는 투표를 하면 안 돼.

여러분의 할머니, 엄마, 이모, 고모는 선거를 할 때 투표를 하지요? 그런데 그림에 나오는 남자들은 여자가 투표를 하면 안 된대요. 이게 어떻게 된 일일까요?

그림에서 여자도 투표를 해야 한다고 말하는 사람은 미국의 '수전 앤서니'예요. 미국 여성들에게 참정권이 없는 것에 불만을 느껴 평생 여성 참정권 운동을 이끌었어요.

수전 앤서니는 제18대 미국 대통령 선거에서 몰래 투표한 일로 벌금을 내야 했지만, 이를 거부하고 각 도시를 돌며 「여성도 사람입니까?」라는 제목의 연설을 했어요. 이후에도 여성의 참정권을 얻기 위해 노력했지만 살아 있을 때는 꿈을 이루지 못했어요. 그러나 수전 앤서니가 세상을 떠나고 14년이 지난 1920년에 미국 여성들도 참정권을 가질 수 있게 되었어요.

⁺**참정권**: 국민이 정치에 참여할 수 있는 권리.

이런 책도 있어요

이은지, 『코숭이 무술』, 후즈갓마이테일 , 2018
오홍선이, 『한국을 바꾼 여성 위인들』, M&Kids, 2017
정진, 박윤경, 임정순, 『세상을 바꾼 여성 리더십』, 아라미, 2014

자유롭게 그려 봐요! 창의력 테스트

[난이도 : 상 중 ☆하]

★ 친구들과 일기장이 비슷해서 헷갈려요. 나만의 일기장 표지를 만들어 보세요.

●정답은 가이드북 13쪽을 확인하세요.

3주

경제 동화 사회, 경제

★ 독서논술계획표

❯ 공부한 날짜를 쓰고, 끝마친 단계에는 V표를 하세요.

읽기 전			읽는 중					읽은 후		
	월	일		월	일		월	일		월	일
생각 열기	☐		생각 쌓기 1	☐		생각 쌓기 2	☐		생각 정리	☐
낱말 탐구	☐		내용 확인	☐		내용 확인	☐		생각 넓히기	☐

독서 노트   월   일

염색약이냐 연필깎이냐, 그것이 문제로다!

박신식

※ 이 글은 박신식 작가님께서 쓰신 『오늘도 나는 마트 간다』의 일부입니다.

생각 열기

1 '소득'과 '소비'의 뜻을 잘 읽고, 각각 관련 있는 그림을 두 가지씩 찾아
○표 하세요.

• • •
'소득'과 '소비'의 뜻을
읽어 보고, 어울리는
상황을 찾아보세요.

소득이란? 정해진 기간 동안 벌어들인 돈

월급이 들어왔네.

이거 빌릴게요. 도서 대출

오늘은 많이 팔았네.

소비란? 필요한 물건을 사기 위해 돈을 쓰는 것

열심히 일하자.

공책 한 권 주세요.

입장권 한 장 주세요. 매표소

2 다음 그림 속 친구들이 어떻게 소비를 하고 있는지 살펴보고, 자신의
소비 습관은 어떠한지 쓰세요.

●●●
자신은 평소 돈을 어
떻게 쓰고 있는지 되
돌아보세요.

나는?

✎

----

1 다음 그림에서 밑줄 친 낱말의 뜻으로 알맞은 것을 찾아 선으로 이으세요.

모집에 응하거나 지원할 수 있는 표.

일상생활에 반드시 있어야 하는 물건.

여럿 가운데 따로따로인 한 개 한 개.

물건 따위를 갑자기 사고 싶어져 사는 행동.

2 밑줄 친 말과 뜻이 비슷하여 바꾸어 쓸 수 있는 낱말을 찾아 ○표 하세요.

이 가게는 과일값이 <u>싸서</u> 항상 손님이 많다.

저렴해서

저조해서

언니가 <u>꾸짖는</u> 듯이 말해서 기분이 좋지 않았다.

나부끼는

나무라는

어머니는 <u>매우 급한</u> 일이 생겨서 발표회에 오지 못하셨다.

다양한

다급한

쉬는 시간을 알리는 종이 울리자, 아이들은 <u>시끌벅적</u> 떠들기 시작했다.

왁자지껄

쭈뼛쭈뼛

💡 다솜이가 윤후와 할머니의 생일 선물을 마련하는 과정을 정리하며 읽어 보세요.

염색약이냐 연필깎이냐, 그것이 문제로다!

박신식

'벌써 이번 주 일요일이 윤후 생일이네. 연필깎이가 얼마더라?'

다솜이는 윤후 생일 선물을 사러 문방구로 향했다. 호주머니에 그동안 모아 둔 만 원도 있겠다, 가격만 맞으면 살 생각이었다. 문방구에 들어서서 자동 연필깎이를 찾아보니 8천 원이었다.

그때 문방구 한쪽에서 여자아이들이 왁자지껄 떠드는 소리가 들렸다.

"방현이 오빠 진짜 멋있지?"

"아냐, 차열이 오빠가 더 멋있어. 난 차열이 오빠 스티커 살래."

다솜이가 살짝 돌아보니, 요즘 인기 최고인 엑스 멤버의 스티커였다.

그때 문방구 아저씨가 불쑥 끼어들었다.

"얘들아, 이거 봤니? 이건 멤버들이 전부 들어 있는 스티커야. 직접 사인한 CD를 받을 수 있는 응모권도 들어 있어. 낱개로 멤버 전부 사면 7천 원인데, 이건 5천 원밖에 안 해."

어느새 아이들 틈에서 스티커를 보고 있던 다솜이는 활짝 웃고 있는 엑스 멤버들의 미소에 이끌려 망설임 없이 만 원을 내고 스티커를 사고 말았다. 거스름돈 5천 원을 받아 문방구를 나오는데 윤후와 딱 마주쳤다.

"다솜아, 뭐 샀어?"

다솜이는 재빨리 스티커를 뒤로 숨겼다.

"아…… 아무것도 아냐."

"내가 뭐 샀는지 알아맞혀 볼까?"

윤후는 다솜이의 얼굴을 뚫어지게 쳐다보았다.

"내 생일 선물이구나? 알았어. 생일 때까지 모른 체할게."

"그게 아니라……."

그때 문방구에서 다급하게 뛰어나오던 아이가 다솜이와 부딪혔다. 그 바람에 손에 들고 있던 스티커가 바닥에 툭 떨어졌다. 스티커를 본 윤후는 실망하는 표정이었다.

"내 선물 아니네?"

"사실은 네 선물 사러 왔는데, 이 스티커가 눈에 확 들어오지 뭐야. 그래서 그만……."

다솜이가 쑥스러운 듯 웃었다.

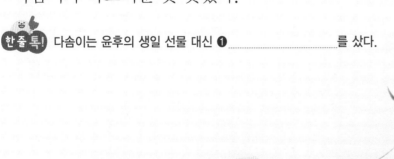 한줄톡! 다솜이는 윤후의 생일 선물 대신 ❶ _____ 를 샀다.

"어휴, 충동구매했구나?"

윤후가 나무라는 투로 말했다.

"어쨌든 생일 선물로 연필깎이 준다고 한 거 잊지 마. 알았지?"

윤후의 말에 다솜이는 자기도 모르게 고개를 끄덕였다.

그날 늦은 저녁, 전화벨이 울렸다. 시골에 사시는 할머니였다.

"다솜이니? 이번 주 토요일에 너희 집에 갈 거니까 엄마한테 그렇게 전해 주렴. 아, 그리고 할머니 생일에 다솜이가 염색약 사 준다고 했지? 기대할게, 호호호!"

다솜이는 얼떨결에 대답을 하고 전화를 끊었다. 잠시 뒤 쓰레기를 버리러 갔던 엄마가 돌아왔다.

"엄마, 방금 할머니가 이번 주 토요일에 우리 집에 오신다고 전화하셨어요. 토요일이 할머니 생신이에요?"

"응, 할머니는 음력으로 생신을 치르시거든. 그래서 생신이 지난해보다 조금 빨라졌어."

'그랬구나. 어쩌지? 윤후 생일과 겹치네.'

다솜이는 방에 들어가 서랍 속 상자를 샅샅이 살폈다. 남은 5천 원을 더해도 8천 원이 조금 넘었다.

'이걸로는 연필깎이 하나만 겨우 살 수 있는데. 아까 괜히 스티커를 샀나 봐. 할머니랑 윤후 선물, 어떡하지?'

✦음력: 달이 지구 둘레를 한 바퀴 도는 데 걸리는 시간을 한 달로 삼은 달력.

다음 날, 다솜이는 다팔아 마트에 갔다. 생필품 코너에서 두리번거리고 있는데, 마트 직원 조끼를 입은 아주머니가 다가왔다.

"뭐가 필요하니?"

"염색약요. 저희 할머니 생신 선물로 드리려고요."

아주머니는 친절하게 염색약이 있는 곳으로 데려다주었다.

"할머니는 참 좋은 손녀를 두셨구나."

아주머니의 칭찬에 다솜이의 얼굴이 빨개졌다.

다솜이는 염색약 아래쪽에 붙어 있는 가격표를 보고 실망했다. 6천 원이었다.

'염색약이 이렇게 비쌌나? 염색약을 사면 2천 원밖에 안 남는데, 윤후 생일 선물은 어떡하지?'

"저기, 좀 더 싼 건 없어요?"

다솜이가 곤란한 얼굴로 아주머니에게 물었다.

 다솜이는 할머니께 드릴 ❷ _____ 도 사야 했다.

"염색약은 이게 제일 싼 거야. 아니면 손에 바르는 핸드크림은 어떠니? 할머니가 좋아하실 거야. 가격도 염색약보다 싸고."

"핸드크림은 동생이 준비했어요."

다솜이는 머릿속이 복잡했다.

"실은 할머니 염색약도 사야 하고 친구 생일 선물도 사야 하는데, 돈이 많이 모자라요."

"그럼 저렴한 선물로 사야겠구나. 뭐가 좋을까?"

"그런데 할머니랑 친구한테 염색약이랑 연필깎이를 사 주겠다고 이미 약속을 해 버렸어요."

다솜이가 한숨을 푹 내쉬었다.

"친구냐, 할머니냐, 그것이 문제로다!"

아주머니는 연극배우처럼 진지한 표정으로 말했다.

"결정을 해야겠구나. 친구 선물을 사든가 할머니 선물을 사든가 말이야. 아무래도 덜 후회하는 쪽을 선택해야겠지?"

그때 한 청년이 아주머니에게 자동차 용품 코너를 물었다. 아주머니가 다른 손님을 도와주러 간 뒤에도 다솜이는 염색약 코너에 한참을 서 있었다. 오랜 고민 끝에 다솜이는 드디어 마음의 결정을 내렸다.

'그래, 할머니가 어른이시니까 우선 할머니 염색약을 사자!'

 한줄톡! 다솜이는 할머니께 드릴 ❸ _____ 을 사기로 했다.

✔ 글의 앞부분을 읽고, 물음에 답해 보세요.

1 다솜이가 윤후와 할머니를 위해서 사야 했던 것을 두 가지 고르세요.

(   )

① 스티커   ② 염색약

③ 핸드크림   ④ 연필깎이

2 다솜이가 문방구에서 연필깎이를 사지 <u>못한</u> 까닭으로 알맞은 것의 기호를 쓰세요.

> ㉮ 연필깎이를 팔지 않아서
>
> ㉯ 다른 것을 충동구매해서
>
> ㉰ 마음에 드는 연필깎이가 없어서

✎ _____

3 다팔아 마트에서 아주머니가 무엇을 살지 고민하는 다솜이에게 하신 말씀은 무엇인지 쓰세요.

덜 [   ] 하는 쪽을 선택해라.

4 다솜이가 염색약을 사기로 한 까닭은 무엇인지 쓰세요.

[   ] 가 [   ] 이시기 때문이다.

⭐ 이어서 다음 글을 읽어 보세요.

토요일이 되자, 오랜만에 다솜이네 집이 친척들로 북적거렸다. 부산과 전주에서 작은아빠와 고모네 식구들이 올라와 할머니 생신을 함께 축하했다.

"이제 염색을 해도 되겠다."

늦은 저녁, 친척들이 다 돌아가고 난 뒤 다솜이가 할머니께 염색을 해 드렸다. 까만 머리의 할머니는 훨씬 더 젊어 보였다.

"다솜이 덕분에 10년은 젊어졌네. 호호호! 고맙다, 다솜아."

할머니가 기뻐하는 모습을 보고 다솜이는 염색약 사기를 잘했다는 생각이 들었다. 하지만 다음 날, 할머니가 집으로 돌아가고 나자 걱정이 마구 밀려왔다.

'그나저나 윤후한테는 뭐라고 하지?'

아니나 다를까, 윤후에게서 전화가 왔다.

"다솜아, 이따 12시까지 우리 집에 오면 돼."

"윤후야, 있지, 내가 좀 아픈데……, 그래서 생일잔치에 못 갈 것 같아."

다솜이는 일부러 힘없는 목소리로 말했다.

"그래? 많이 아파? 아프면 안 되지. 그러니까 우리 집에 와서 맛있는 거 먹고 빨리 나아. 알았지? 이따 꼭 보자!"

윤후는 다솜이가 일부러 꾀병을 부리는 걸 아는지 밝은 목소리로 전화를 끊었다.

다솜이는 엄마에게 다가가 울상을 지었다.

"엄마, 할머니 선물 사느라 윤후 생일 선물을 못 샀어요. 그래서 말인데, 다음 달 용돈 좀 미리 주시면 안 돼요?"

다솜이가 어렵게 이야기를 꺼냈다.

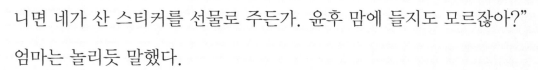

"글쎄. 그건 안 되겠는데? 친구 생일 선물은 네 용돈 안에서 해결하기로 했잖아. 아니면 네가 산 스티커를 선물로 주든가. 윤후 맘에 들지도 모르잖아?"

엄마는 놀리듯 말했다.

"누나, 엑스 멤버들 찾아가서 부탁해 봐. 엑스 때문에 친구 생일 선물을 못 샀으니까 책임지라고 말이야. 히히히!"

다솜이는 불난 데 부채질하는 지민이가 얄미워 있는 힘껏 노려보았다. 하지만 그런다고 상황이 바뀌는 건 아니었다.

 한줄톡! 다솜이는 ❹ .... 이 부족해서 윤후의 생일 선물을 살 수 없었다.

시간이 자꾸 흘러 12시가 가까워졌다. 다솜이는 2천 원을 만지작거리다 문방구에서 예쁜 편지지를 하나 샀다. 편지지에 충동구매를 해서 미안하다는 말과 남은 돈으로 할머니 생일 선물을 사고 말았다는 것, 생일을 진심으로 축하한다는 글을 정성스럽게 썼다. 그러고는 쭈뼛쭈뼛 윤후네 집으로 갔다.

윤후네 집에는 이미 친구들이 많이 와 있었다. 거실 한쪽에 생일 선물들이 잔뜩 놓여 있었다.

"다솜아, 와 줘서 고마워!"

윤후가 반기자 다솜이는 쑥스러운 듯 편지를 내밀었다.

"고마워. 편지는 이따 읽어 볼게. 어서 들어와."

윤후는 다솜이를 케이크가 놓인 상 가운데 앉혔다. 다 같이 생일 축하 노래를 부르고 맛있는 음식을 먹는 동안 다솜이는 마음 한구석이 커다란 돌덩이가 들어앉은 것처럼 무거웠다.

다음 날, 다솜이는 윤후에게 편지를 받았다. 윤후의 편지는 무거웠던 다솜이의 마음을 가볍게 해 주었다.

다솜아, 내 선물과 할머니 선물 사이에서 고민 많았지?

하지만 잘 선택했어. 난 선물보다는 네 마음이 중요해.

선물을 받는 것보다 너랑 사이좋게 잘 지내는 게 훨씬 더 좋아.

그렇지만 내년에는 꼭 연필깎이 사 줘야 한다. 알았지?

-윤후가-

한줄 톡! 다솜이는 윤후에게 ❺ _____를 썼다.

머칠 뒤, 용돈을 받는 날이었다. 그런데 엄마가 용돈 대신 다솜이에게
통장과 도장을 내밀었다.

"이 통장에 용돈을 넣어 뒀어. 필요할 때 조금씩 꺼내 쓰면 돼."

"제가 또 충동구매할까 봐 그런 거죠? 헤헤, 이제부터는 꼭 사야 하는
물건인지 꼼꼼히 따져 보고 살게요."

"우리 딸, 다 컸네."

엄마는 활짝 웃으며 다솜이 머리를 쓰다듬어 주었다.

 엄마가 다솜이에게 용돈 대신 ❻_____과 도장을 주셨다.

✓ 글의 뒷부분을 읽고, 물음에 답해 보세요.

1 다솜이는 연필깎이를 사기 위해서 어떻게 했는지 알맞은 것의 기호를 쓰세요.

> ㉮ 동생에게 돈을 빌리려고 했다.
> ㉯ 엄마께 다음 달 용돈을 미리 달라고 했다.
> ㉰ 엄마의 심부름을 하고 용돈을 벌려고 했다.

2 다솜이는 결국 윤후에게 생일 선물로 무엇을 주었는지 쓰세요.

3 다솜이가 윤후의 편지를 받고 마음이 가벼워진 까닭은 무엇인가요? (   )

① 윤후가 다솜이를 이해해 주어서
② 윤후가 편지를 받고 싶었다고 해서
③ 윤후에게 이미 연필깎이가 있다고 해서
④ 윤후도 다솜이의 생일에 편지를 써 주겠다고 해서

4 다솜이는 엄마께 통장과 도장을 받으며 어떤 다짐을 했는지 쓰세요.

꼭 사야 하는 물건인지 꼼꼼히 보고 사겠다.

 이제 생각을 정리하고, 마음껏 펼쳐 볼까요?

생각 정리

1 다솜이가 윤후와 할머니의 생일 선물을 마련한 과정이 잘 나타나도록 차례대로 정리해 보세요.

내가 가진 돈은 만 원이야.

① 다솜이가 [　　　]의 생일 선물로 연필깎이를 사기 위해 문방구에 갔다.

② 다솜이는 연필깎이를 사지 않고 엑스 멤버 스티커를 충동구매했다.

5천 원을 써서 [　]천 원이 남았네.

8천 원이 조금 넘네.

③ 다솜이는 [　　　]의 생신 선물로 염색약도 사야 해서 서랍에서 돈을 찾았다.

④ 다솜이는 다팔아 마트에서 염색
약이 6천 원인 것을 알고 무엇을
살지 고민하다가 염색약을 샀다.

6천 원을 써서
[   ]천 원 조금
넘게 남았어.

⑤ 다솜이는 연필깎이를 사기 위해 엄마께 다음 달 용돈을 미리

달라고 부탁드렸지만 🖊 _____

편지지를
사느라 2천
원을 썼어.

⑥ 다솜이는 문방구에서

[   ]를 사서

윤후에게 편지를 썼다.

⑦ 용돈을 받는 날, 엄마가 다솜이에게 [   ]을

주셨다.

생각 넓히기

1 다솜이 엄마가 다솜이에게 다음과 같이 하신 것은 다솜이가 용돈을 어떻게 쓰기를 바라시기 때문인지 쓰세요.

•••
다솜이 엄마는 다솜이가 무엇을 깨닫기를 바라셨을지 생각해 보세요.

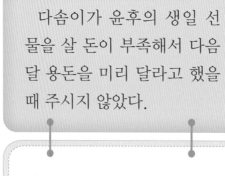

> 다솜이가 윤후의 생일 선물을 살 돈이 부족해서 다음 달 용돈을 미리 달라고 했을 때 주시지 않았다.

다음 달 용돈을 미리 줄 수는 없어.

✎

> 다솜이의 통장에 용돈을 넣어 두고, 통장과 도장을 다솜이에게 주셨다.

이 통장에 용돈을 넣어 뒀어.

✎

----

2 내가 다솜이라면 염색약과 연필깎이 중에서 무엇을 살지 정하고, 그 까닭을 쓰세요.

•••
누구의 선물을 샀을 때의 결과가 더 만족스러울지 생각해 보세요.

염색약을
살 것이다.

왜냐하면 ✎ _____

_____

_____

_____

연필깎이를
살 것이다.

왜냐하면 ✎ _____

_____

_____

_____

3 다솜이는 윤후에게 생일 선물로 편지를 써서 주었어요. 내가 다솜이라면 어떤 내용의 편지를 쓸지 생각해서 다음 편지를 완성해 보세요.

• • •

생일 선물로 연필깎이를 주겠다는 약속을 지키지 못한 다솜이가 윤후에게 어떤 말을 하고 싶을지 생각해 보세요.

윤후에게

안녕? 나 다솜이야.

20○○년 ○○월 ○○일

다솜이가

4 우리가 쓸 수 있는 돈은 어느 정도 정해져 있기 때문에 '현명한 선택'을 해야 해요. 다음 그림 속 친구가 되어 무엇을 살지 정하고, 그렇게 정한 까닭을 쓰세요.

●●●
'현명한 선택'이란 가장 적은 돈으로 가장 만족스러운 것을 선택하는 것을 말해요. 그림 속 친구가 되어 현명한 선택을 해 보세요.

내가 쓸 수 있는 돈은 2만 원인데⋯⋯.

필통이 낡았기 때문에 새 필통이 필요해.

친구들은 모두 드론을 가지고 있는데 나만 없어. 친구들과 함께 드론을 날리고 싶어.

	○○ 드론	□□ 드론	필통
가격	12,000원	20,000원	9,000원
특징	• 드론 중에서는 가격이 저렴함. • 조종하기 어려움.	• 튼튼하고 조종하기 쉬움. • 가격이 비쌈.	• 크기가 크고 색깔이 예쁨. • 필통 중에서는 가격이 비쌈.

살 물건

그 까닭

현명한 소비 생활을 해야 해요!

우리가 쓸 수 있는 돈은 한정되어 있기 때문에 현명한 소비 생활이 필요해요. 소비 생활을 현명하게 하지 않으면 우리 가정의 살림살이가 어려워져서 필요한 물건을 사지 못하거나 하고 싶은 일을 하지 못하게 될 수도 있어요.

현명한 소비 생활을 하는 방법은 무엇일까요?

용돈을 어떻게 쓸지 미리 계획하고, 저축하는 습관을 길러야 해.

물건을 살 때에는 여러 가지 물건을 비교해 보고, 값이 싸고 품질이 좋은 것으로 골라야 해.

물건을 살 때에는 꼭 필요한 물건인지 생각해 봐야 해.

✦한정되어: 수량이나 범위 따위가 제한되어 정해져.

이런 책도 있어요

강민경, 『100원이 작다고?』, 창비, 2010
아나 알론소, 『용돈으로 집을 지은 돼지 삼 형제』, 알라딘북스, 2018
박민선, 『알뜰살뜰! 우리 집 경제 대장 나백원이 간다!』, 가나출판사, 2016

쉬어가기

두 눈을 크게 떠요! **집중력 테스트**   [난이도 : 상 중 하]

★ 초원에 토끼들이 많이 모여 있네요. 토끼가 총 몇 마리 있는지 세어 보세요.

마리

● 정답은 가이드북 13쪽을 확인하세요.

4주

지식 동화 사회, 기술

✪ 독서논술계획표

❯ 공부한 날짜를 쓰고, 끝마친 단계에는 V표를 하세요.

읽기 전			읽는 중				읽은 후	
월	일		월	일	월	일	월	일
생각 열기	☐		생각 쌓기 1	☐	생각 쌓기 2	☐	생각 정리	☐
낱말 탐구	☐		내용 확인	☐	내용 확인	☐	생각 넓히기	☐

독서 노트　　월　　일

내 직업은 직업 발명가

강승임

※ 이 글은 강승임 작가님께서 쓰신 『내 직업은 직업 발명가』의 일부입니다.

생각 열기

1 다음 사진을 보고 떠오르는 직업은 무엇인지 쓰세요.

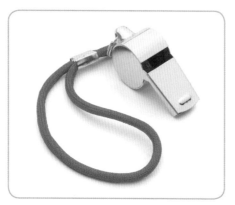

2 다음 그림에 나오는 사람이 직업을 가진 까닭은 무엇일지 선으로 이으세요.

●●●
그림에 나오는 사람들
이 왜 일을 하는지 살
펴보세요.

돈을 모으기
위해서

보람을 느끼기
위해서

사회에 도움이
되기 위해서

낱말 탐구

1 다음 빈칸에 들어갈 알맞은 낱말을 보기 에서 찾아 쓰세요.

> **보기** 간청   결사반대   희한하게   막연하게

서점에 같이 가자.

나는 친구의 [   ]을 들어주었다.

박물관에 [   ] 생긴 곤충들이 많았다.

미래에 어떤 사람이 되어 있을까?

미래에 어떤 사람이 되어 있을 지 [   ] 생각해 봤다.

절대 안 돼요!

주민들은 [   ]를 외치며 공장 건설을 반대했다.

2 다음 빈칸에 들어갈 알맞은 낱말을 동물 쪽지에서 찾아 쓰세요.

우리 형은 나와 다른 [   ]으로 문제를 풀었다.

방식

진심

어제 내가 친구에게 한 말은 [   ]이 아니었다.

교실이 시끄러워 [   ]이 잘 되지 않았다.

참견

집중

승수는 짝이 자꾸 이래라 저래라 [   ]하여 짜증이 났다.

엄마는 살림을 알뜰하게 [   ] 나가셨다.

꾸려

현명한

고을 사또는 젊지만 [   ] 판단을 하기로 유명했다.

내 직업은 직업 발명가

강승임

직업을 발명해도 괜찮아

"삼촌, 저 고민이 있어요."

아이스크림까지 얹은 달콤한 와플을 먹으니 기분이 좋아졌다. 마음이 편하니까 고민거리가 절로 나왔다.

"뭔데? 말해 봐."

"우리 할머니 있잖아요. 저보고 무조건 선생님이 되래요. 저는 그러기 싫거든요. 어떻게 해야 할지 모르겠어요."

"음…… 보통 나이 드신 분들은 안정된 직업이 최고라고 생각하셔. 교사나 ⁺공무원 같은 거 말이야. 그래야 가정도 꾸리고 편안하게 살 수 있다고 생각하니까. 정우, 너 기억나지?"

"뭐?"

"왜, 내가 재작년에 공무원 시험 준비 그만둔다고 했을 때 할머니, 할아버지 모두 결사반대하셨잖아."

⁺**공무원:** 국가 또는 지방 공공 단체의 사무를 맡아보는 사람.

아, 그 일이라면 나도 대충은 안다. 정우 삼촌은 5년 넘게 공무원 시험 준비를 했다. 이 말은 시험을 봤는데 5년 동안 단 한 번도 안 붙었다는 뜻이다. 재작년에 삼촌은 이제 자기가 하고 싶은 일을 하며 살 거라면서 서울 생활을 접고 정우 할아버지, 할머니가 사는 문경으로 내려갔다.

"히히. 맞아. 그때 완전 난리 났었는데. 삼촌이 시골로 간다니까 아빠도 엄청 화내고 그랬잖아. 시골에는 삼촌이 할 만한 일이 없다고. 근데 이제는 삼촌 직업 엄청 많잖아."

정우는 손가락을 펴고 삼촌의 직업을 하나하나 꼽기 시작했다.

"일단은 농부, 삽화가, 마을 청년회장, 인터넷 쇼핑몰 운영자, 그리고 또 뭐였더라…… 삼촌, 지난번에 직업 하나 새로 만들었다고 하지 않았어?"

 정우 삼촌은 지난번에 ❶ _____ 을 하나 새로 만들었다.

"뭐? 직업을 만들어? 진짜예요?"

나는 처음 듣는 소리에 깜짝 놀라 정우 삼촌을 보았다. 직업을 만든다는 얘기는 살다 살다 처음 들어 보았기 때문이다.

"왜 그렇게 놀라? 이래 보여도 내가 우리 마을에서는 직업 발명꾼이야. 사실 직업이란 게 처음부터 정해져 있었던 게 아니라 세상이 변하면서 계속 만들어진 거거든. 없어지기도 하고 말이야. 그래서 나도 좀 만들었지, 뭐. 이 삼촌이 최근에 만든 직업은 '마을 디자이너'야!"

패션 디자이너, 헤어 디자이너, 가구 디자이너, 자동차 디자이너 등등은 들어 봤어도 마을 디자이너는 처음 들었다.

"처음 들어 봤지? 하하, 나도 처음엔 내가 +최초로 생각해 낸 직업인 줄 알았는데, 알고 보니 이런 말을 쓰는 사람들이 이미 있더라고. 하지만 이걸 가르쳐 주는 학교는 없어. 이런 일을 하는 회사도 없고. 내가 알기로는 말이야."

"무슨 일을 하는 거예요?"

"그것도 내가 정하는 건데……. 나는 일단 우리 마을에 +보존해야 할 것들을 좀 더 아름답게 보이도록 그 주변을 디자인해 볼 생각이야. 그 다음엔 우리 마을에 필요한 게 뭔지 조사해서 +청년회에서 함께 해 보려고. 이것도 마을을 아름답게 하는 디자이너의 일이지!"

"우아!"

+**최초**: 맨 처음.
+**보존해야**: 잘 보존하고 간수하여 남겨야.
+**청년회**: 청년들이 사귀거나 봉사하려고 만든 모임.

나도 모르게 감탄이 흘러나왔다. 직업을 발명할 생각을 하다니……
정우 삼촌은 천재인가?

"그런 눈으로 쳐다보니까 쑥스럽다야. 뭐 그리 대단한 일은 아니야.
그냥 좋아하는 일, 잘할 수 있는 일을 찾아 하는 것뿐이야. 직업은 원
래 하나뿐이다, 정해진 거다 이런 생각만 버리면 돼. 그 순간 새 직업
의 문이 활짝 열리는 거지!"

한줄 톡! 정우 삼촌이 최근 만든 직업은 ❷_____이다.

심장이 쿵쾅거리기 시작했다. 할머니가 나한테 선생님이 되어야 한다고 말할 때마다 얼마나 답답했는지 모른다. 사실 가수가 되겠다고 한 것도 선생님이 되고 싶지 않았기 때문이다. 그냥 선생님이 아닌 직업을 막연하게 생각한 것일지도 모르겠다.

그런데 좋아하는 일, 잘할 수 있는 일을 하라는 말…… 이게 내가 정말 듣고 싶었던 말이다!

"근데 할머니께서 선생님이 되라고 그렇게 고집하신다면 뭔가 특별한 이유가 있을 것 같다."

헤어질 때 정우 삼촌이 잠깐 멈춰 서서 말했다.

"특별한 이유요?"

"응, 그걸 알면 할머니의 꿈을 포기시킬 수 있을지 몰라. 진짜 이유를 알면 해결 방법을 찾기가 더 쉽거든."

진짜 이유? 그런 게 있을 거라는 생각은 해 본 적이 없다. 만약 있다면 엄마가 알고 있을지도 모른다.

한줄톡! 할머니가 선생님이 되어야 한다고 말할 때마다 '나'는 ❸ _____ 을 느꼈다.

글의 앞부분을 읽고, 물음에 답해 보세요.

1 '나'의 할머니는 '내'가 무엇이 되기를 바라시는지 쓰세요.

✎_____

2 '내'가 가수가 되려고 하는 까닭은 무엇인가요? (   )

① 노래를 잘해서   ② 엄마가 바라는 일이라서
③ 선생님이 되고 싶지 않아서   ④ 가수가 되면 멋있을 것 같아서

3 정우 삼촌에 대한 설명으로 알맞은 것의 기호를 쓰세요.

> ㉮ 5년 동안 열심히 노력해서 공무원이 되었다.
> ㉯ 시골로 내려간 뒤, 여러 가지 직업을 가졌다.
> ㉰ 안정된 직업을 가지고 싶어서 농부가 되었다.

✎_____

4 정우 삼촌이 직업에 대해 말한 내용으로 알맞은 것에 ○표 하세요.

(1) 한번 정한 직업은 바꾸면 안 된다. (   )

(2) 한 사람은 하나의 직업만 가져야 한다. (   )

(3) 직업은 세상이 변하면서 계속 만들어지거나 없어진다. (   )

⭐ 이어서 다음 글을 읽어 보세요.

할머니의 소원을 이루는 방법

세상에나! 알고 보니 우리 할머니의 꿈이 선생님이었다!

"어렸을 때 할머니가 공부를 아주 잘했대. 그래서 나중에 선생님이 되고 싶었는데, 집이 가난해서 초등학교 졸업하고 바로 공장에서 일하느라 꿈을 못 이뤘지. 친구들이 학교에 가는 걸 볼 때마다 너무 부러워서 매일 울었대. 그래서 나중에 자식을 낳으면 꼭 선생님을 시키겠다고 다짐했는데…… 보다시피 실패했잖아. 이 엄마가 그리 공부를 잘하지 못했거든. 그러니 너라도 할머니 소원을 이뤄 드려야 하지 않겠니? 하나뿐인 손녀인데."

엄마가 내 손을 꼭 잡으며 말했다. 간절한 마음이 느껴졌다.

"할머니 꿈을 꼭 이뤄 드릴게요. 대신 제 방식대로예요."

엄마한테 이렇게 약속하고 이런저런 계획을 세워 보았다. 그러다 직업은 여러 개일 수도 있고, 만들 수도 있다는 정우 삼촌의 말이 떠올랐다. 그렇다면 할머니한테 또 다른 직업을 만들어 드리면 어떨까? 나는 정우에게 도움을 청하기로 했다.

"그럼 오늘 네 할머니가 우리한테 떡볶이 만드는 법을 가르쳐 주시는
거야?"

"응! 할머니의 비법 완전 기대되지? 그리고 내가 한 말 잊지 않았겠
지?"

"당연하지!"

정우는 진지한 표정으로 주먹까지 불끈 쥐었다. 역시 내 베스프 프렌
드다. 우리는 숨을 한 번 크게 내쉬고 파이팅을 외친 뒤 할머니의 분식
가게로 들어갔다.

"맛있는 떡볶이의 핵심은 고추장입니다!"

내 예상대로 할머니는 진짜 선생님 같았다. 우리한테 반말도 안 쓰고
꼬박꼬박 높임말을 썼다. 또, 만드는 과정을 하나하나 아주 자세히 가
르쳐 주었다. 이게 바로 나의 계획이다. 할머니를 요리 선생님으로 만
들어 주는 것!

 ❹ _____ 의 어릴 적 꿈은 선생님이었다.

"선생님!"

떡을 삶는 동안 갑자기 정우가 손을 번쩍 들었다. 정우는 내가 한 말을 잊지 않고 할머니를 '선생님'이라고 불렀다. 할머니는 그 말이 정말 마음에 드는 것 같았다.

"고추장은 고추로 만들죠? 근데 왜 달콤해요?"

"아, 그건 고추장을 만들 때 엿기름을 넣기 때문이에요. 엿기름이 음식에 들어가면 아주 달콤한 맛을 내죠."

"아아! 그래서 그렇구나."

그건 나도 몰랐던 거다. 희한하게도 설명하는 할머니 목소리가 귀에 쏙쏙 잘 들어왔다. 할머니의 잔소리는 귓등에서 바로 튕겨 나가는데 말이다.

"할머니, 아니, 선생님! 우리 계속 가르쳐 주시는 거죠?"

"그러면 정말 좋겠어요. 저는 요리가 이렇게 재미있는 줄 몰랐어요. 제 친구도 데리고 올게요. 요리사가 꿈인 친구가 있거든요."

정우가 옆에서 두 손을 꼭 모아 간청하듯 말했다. 정우의 눈을 보니 진심인 것 같았다.

"음, 생각해 보겠습니다. 지금은 떡볶이 만드는 데 집중해 주세요."

할머니가 빙긋 웃었다. 정말 행복해 보였다. 나는 이때를 놓치지 않고 꿈 얘기를 꺼내 보기로 했다. 행복하면 마음도 너그러워지기 때문이다. 나는 할머니의 표정을 슬슬 살피며 조심스레 말했다.

"할머니, 전 할머니처럼 이렇게 잘 가르치지 못할 것 같아요."

할머니가 고추장을 풀던 손을 멈추었다. 할머니 입에서 무슨 말이 나올지 조마조마했다.

"에휴, 또 그 얘기냐? 정말 싫으냐?"

"네. 가르치는 일은 정말 하나도 안 행복할 것 같아요. 선생님은 할머니 꿈이잖아요. 저는 제 꿈을 꾸면 안 돼요?"

할머니가 나를 물끄러미 쳐다보았다. 나도 간절한 눈빛으로 할머니를 보았다. 정우도 하던 일을 멈추고 숨을 죽였다.

 '나'는 가르치는 일은 ❺ _____ 하지 않을 것 같다고 할머니에게 말씀드렸다.

"흠…… 그럼 다시 생각해 보자. 누구나 행복한 일을 해야 하니까."

"야호! 그럼 아무리 생각해도 아니면 안 해도 되는 거죠?"

"정 그러면 어쩔 수 없지."

와우! 드디어 할머니가 내 꿈을 나에게 맡겼다. 하지만 할머니의 참견이 완전히 끝난 건 아니었다. 할머니는 국자를 들고 한 가지 조건을 달았다.

"하지만 가수는 절대 안 돼. 짧은 옷 입고 이상한 춤추는 꼴은 절대 못본다."

"그건 걱정 마세요! 가수 꿈은 벌써 버렸어요. 선생님만 아니면 내가 행복한 일을 많이 찾을 수 있을 거예요! 진짜진짜 내 꿈이니까요!"

나는 기뻐서 입이 다물어지지 않았다. 정우가 이런 나를 보며 눈을 찡긋했다. 역시 우리 할머니는 나를 최고로 사랑하고 최고로 현명하다!

 할머니는 드디어 '나'의 꿈을 ❻ ＿＿＿＿＿ 에게 맡기셨다.

글의 뒷부분을 읽고, 물음에 답해 보세요.

1 할머니가 '나'에게 선생님이 되라고 하신 까닭으로 알맞은 것의 기호를 쓰세요.

> ㉮ 돈을 잘 벌 수 있기 때문에
> ㉯ 할머니도 선생님이었기 때문에
> ㉰ 할머니가 이루지 못한 꿈이기 때문에

✎ _____

2 '내'가 할머니의 꿈을 이루어 드리기 위해 한 일은 무엇인지 쓰세요.

할머니를 [   ]으로 만들어 드렸다.

3 이 글의 내용을 생각하며 빈칸에 공통으로 들어갈 알맞은 말을 쓰세요.

> • 할머니는 떡볶이 만드는 과정을 가르쳐 주실 때 [   ]해하셨다.
> • 할머니는 누구나 [   ]한 일을 해야 한다는 생각이 들어 '내'가 다른 꿈을 찾는 것을 허락하셨다.

4 '내'가 가수의 꿈을 버린 까닭은 무엇인가요? (   )

① 힘들 것 같아서   ② 다른 꿈을 찾아서
③ 진짜 '나'의 꿈이 아니라서   ④ 할머니가 안 된다고 하셔서

이제 생각을 정리하고, 마음껏 펼쳐 볼까요?

1 『내 직업은 직업 발명가』에서 정우 삼촌의 직업에 대해 '내'가 들은 내용을 정리해 보세요.

5년 동안 준비한 공무원을 포기하고 [   ] 일을 하며 살기 위해서 시골로 내려갔어.

우리 삼촌은 지금 농부, 삽화가, 마을 청년회장, 인터넷 쇼핑몰 운영자 등 여러 개의 직업을 갖고 있지.

내가 최근에 만든 직업은 '마을 디자이너'야. [   ], 잘할 수 있는 일을 찾아 하다 보니 직업이 많이 생겼어.

2 『내 직업은 직업 발명가』에서 '나'의 고민과 그 고민을 해결한 방법을 정리해 보세요.

'나'의 고민

✎

고민을 해결한 방법

✎

| 결과 | 할머니는 '내'가 행복한 일을 찾는 것을 허락해 주셨다. |

'나'는 꿈에 대한 고민이 있었는데, 정우 삼촌의 말을 듣고 고민을 해결했어. '나'의 고민과 해결 방법을 구체적으로 정리해 봐.

1 '내'가 정우 삼촌과의 대화를 통해서 직업에 대해 새롭게 알게 되었거나 깨달은 점은 무엇일지 쓰세요.

정우 삼촌이 직업에 대해 말한 내용에서 새롭게 알게 되었거나 깨달은 점을 정리해 보세요.

• 직업은 세상이 변하면서 [   ].

• 직업은 여러 개일 수도 있고, 새로 만들 수도 있다.

• 직업을 선택할 때에는 [   ]을 생각해야 한다.

2 '나'의 할머니는 '내'가 선생님이 아닌 다른 직업을 찾을 수 있도록 허락해 주셨지만, 가수는 절대 안 된다고 하셨어요. 그런 할머니에게 하고 싶은 말을 쓰세요.

가수는 절대 안 된다고 하는 것이 옳은지 생각해 보세요.

가수는 절대 안 돼. 짧은 옷 입고 이상한 춤추는 꼴은 절대 못 본다.

3 친구들이 직업을 선택할 때 중요하게 생각하는 점에 대해 말하고 있어요. 내 생각과 그렇게 생각하는 까닭을 쓰세요.

직업을 선택할 때 고려해야 할 점에는 무엇이 있는지 살펴보고, 내 생각을 정리해 보세요.

나는 잘하는 일을 직업으로 선택해야 된다고 생각해.

난 무조건 돈을 많이 벌 수 있는 직업을 선택해야 한다고 생각해.

좋아하는 일을 직업으로 선택해야 하지 않을까?

시간이 여유로워 취미 활동을 할 수 있는 직업을 선택해야 돼.

내 생각

그렇게 생각하는 까닭

4 내가 갖고 싶은 직업과 그 까닭을 쓰고, 그 직업을 갖기 위해서 어떤 노력을 해야 하는지 쓰세요.

● ● ●

내가 하고 싶은 일과 그 일을 하고 싶은 까닭, 그 일을 하기 위해서 실천할 수 있는 일은 무엇인지 정리해 보세요.

직업을 선택할 때에는 자신의 장점과 잘할 수 있는 일, 좋아하는 일 등을 꼼꼼히 살펴봐야 해.

미래의 내 직업

갖고 싶은 직업	
그 까닭	🖉
나의 노력	🖉

5 미래에는 새로운 직업이 필요할 수도 있을 거예요. 내가 직업 발명가라면 어떤 직업을 발명하고 싶은지 상상하여 쓰세요.

당장 만들기 어려운 직업이어도 상관없으므로 자유롭게 상상해 보세요.

발명하고 싶은 직업 날씨 조절자

하는 일

비를 내리게 하거나 바람을 멈추게 하는 등 날씨를 조절하는 일을 한다.

발명하고 싶은 직업

하는 일

미래에 어떤 직업이 생기면 우리 생활이 편리해질까 생각해 봐.

예전에는 있었지만 지금은 **사라진 직업**

우리가 살아가는 환경이 변하고 과학이 발달하면서 사라진 직업이 있어요. 어떤 직업들이 사라졌는지 한번 살펴볼까요?

보부상

전국을 돌아다니며 물건을 팔던 사람이에요. 지금은 여러 가게에서 물건을 팔지요.

인력거꾼

사람을 인력거에 태워 나르던 사람이에요. 대중교통의 발달로 없어졌어요.

전화 교환원

전화를 연결해 주던 사람이에요. 지금은 기술의 발달로 전화 교환원 없이 상대방과 바로 통화할 수 있어요.

버스 안내원

버스에서 요금을 걷고 안내하던 사람이에요. 지금은 손님이 직접 요금을 내지요.

+**인력거**: 사람을 태우고 사람이 달리면서 끄는 수레.

이런 책도 있어요

권윤덕, 『일과 도구』, 길벗어린이, 2008
허은실, 『우리 동네 슈퍼맨』, 창비, 2014
토비 루츠, 『얼룩말의 직업 찾기』, 책내음, 2016

재미로 보는 **심리 테스트**

[적중률 : 상 중 하]

★ 친구가 갑자기 전화를 걸어와 자신이 말하는 것을 받아 적으라고 하네요. 어디에 받아 적고 싶은지 고르세요.

① 캐릭터 메모지

② A4 용지

③ 전단지의 빈 곳

④ 손바닥

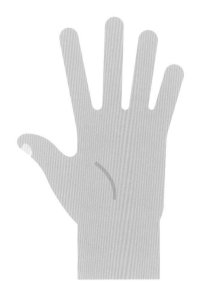

●결과는 가이드북 13쪽을 확인하세요.

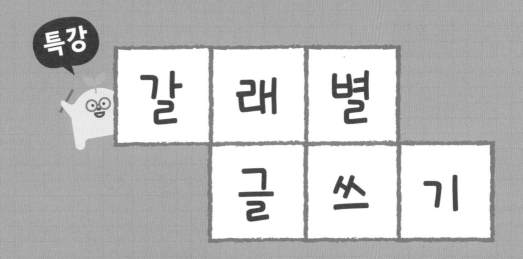

특강

갈래별
글쓰기

무	엇	을		쓸	까	요	?			
					어	떻	게		쓸	까	요	?
			이	렇	게		써		봐	요	!

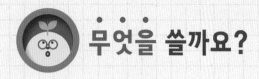 **무엇을 쓸까요?**

책을 소개하는 글 | 책을 읽고 책 제목과 책 내용을 간추려 소개하는 글입니다.

 어떤 내용이 들어가나요?

- 책 제목
- 책 내용
- 책을 고른 까닭
- 책을 읽고 느낀 점

최근에 『산소에 관한 모든 것』이라는 책을 읽고 산
　　　　　　　책 제목
소에 대한 정보를 얻게 되었습니다. 그 책에 나온 산

소에 대한 정보를 소개하겠습니다.
글쓴이가 소개하고 싶은 정보
　산소는 우리가 매일 마시는 것으로, 사람이 숨을 쉴

때 꼭 필요합니다. 이 밖에도 산소는 소화가 잘되게

돕고, 집중력과 기억력을 높여 줍니다. 또 먼 우주로　　책 내용

로켓을 쏘아 올릴 때, 오염된 강을 깨끗이 할 때에도

산소가 쓰인다고 합니다.

　산소의 다양한 쓰임새를 알게 되어 무척 흥미로웠
　　　　　　　　책을 읽고 느낀 점
습니다.

책을 소개할 때는 책 제목과
책 내용을 꼭 소개해야 돼.
이 밖에도 책을 고른 까닭이나 책을 읽고
느낀 점 등을 소개해도 좋아.

- 책 제목을 밝혀 씁니다.
- 책 내용을 짧게 간추려 씁니다.
  - 글쓴이가 하고 싶은 말이나 알리고 싶은 내용을 간단히 정리합니다.
  - 이야기글은 사건이 일어난 순서나 장소의 변화, 인물이 한 일에 따라 내용을 정리합니다.
  - 책을 소개하는 목적, 책을 고른 까닭, 책을 읽고 생각하거나 느낀 점 등도 덧붙여 쓸 수 있습니다.

point 1

책 제목 밝혀 쓰기

이렇게 쓰지 말아요!

 저는 우주에 관한 책을 소개하겠습니다.

이렇게 써야 좋아요!

제가 소개할 책 제목은 『우주의 신비』입니다.

point 2

책 내용을 간추려 쓰기

책 내용 어느 날, 토끼가 바위에 기대어 낮잠을 자고 있었어요.
   갑자기 배고픈 호랑이가 나타나 토끼를 잡아먹으려고 했어요. 그때 토끼가 잠에서 깨어났어요.
   순간 토끼에게 좋은 꾀가 생각났어요.
   "호랑이님, 제가 꿀떡을 가지고 있는데 그걸 먼저 먹고 저를 잡아먹으시는 게 어떨까요?"
   "그래? 그럼 어서 꿀떡을 가져와라."

토끼와 호랑이가 한 일이 잘 드러나게 정리하면 돼.

이렇게 쓰지 말아요!

 토끼가 낮잠을 자다가 잠에서 깨어났어요.

이렇게 써야 좋아요!

배고픈 호랑이가 토끼를 잡아먹으려고 하자 토끼가 호랑이에게 꿀떡을 먼저 먹고 잡아먹으라고 했어요.

주의할 점은 무엇인가요?

책 내용을 소개할 때에는 책의 중요한 내용만 간단하게 정리해서 짧게 씁니다.

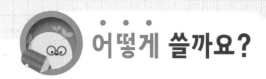
어떻게 쓸까요?

책 제목 쓰기

1 다음 중 책의 제목을 밝혀 쓴 것의 기호를 쓰세요.

> ㉮ 제가 소개할 책은『아기 돼지 삼 형제』입니다.
> ㉯ 어제 학교 도서관에서 읽은 책을 소개하겠습니다.
> ㉰ 저는 선생님께서 추천해 주신 책을 읽어 보았습니다.

(   )

2 다음은 책을 소개하는 글의 일부입니다. 글쓴이가 소개하는 책의 제목을 쓰세요.

> 『우리의 자랑, 온돌』을 소개한다. 이 책을 읽고 우리 고유의 난방법인 온돌에 대해 새로운 내용을 많이 알게 되어서 소개해 주고 싶다.

(   )

책을 소개하는 까닭 쓰기

3 다음 중 책을 소개하는 까닭을 밝혀 쓴 것의 기호를 쓰세요.

> ㉮ 저는『토끼와 거북』을 소개합니다. 책에 나온 토끼의 행동을 보고 느낀 점을 알려 주고 싶었기 때문입니다.
> ㉯ 지난주에 엄마와 서점에 갔다가『홍당무』라는 책을 보았습니다. 저는 이 책을 읽고 아버지의 사랑을 깨달았습니다.

(   )

4 다음 빈칸에 들어갈 책을 소개하는 까닭으로 알맞은 것은 무엇인가요?

(   )

어제 읽은 『세계의 축제』를 소개한다. ⬜

① 일본 삿포로에서는 매년 2월에 눈 축제가 열린다.

② 여러 나라의 민속 축제에 대해 알게 되어서 소개해 주고 싶다.

③ 세계의 축제는 각 나라의 자연환경이나 전통문화와 관련이 있다.

5 다음 중 책을 소개하는 까닭에 해당하는 부분을 찾아 밑줄을 그으세요.

『흥부와 놀부』를 소개한다. 이 책에 나온 놀부가 욕심을 부리다
가 도깨비에게 혼이 난 장면이 기억에 남았기 때문이다.

**책 내용
쓰기**

6 다음 중 책의 내용을 소개한 부분을 찾아 ○표 하세요.

(1) 『이순신 위인전』을 소개한다. (   )

(2) 이순신 장군이 거북선을 만들어 많은 적을 물리쳤다. (   )

(3) 나라를 구한 영웅의 이야기이기 때문에 소개하고 싶다.

(   )

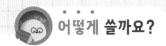

7 다음 중 책의 내용을 소개한 부분을 찾아 밑줄을 그으세요.

> 내가 소개하는 책은 『나에게도 꿈이 생겼어』이다. 이 책을 소개하는 까닭은 나와 같은 꿈을 가진 주인공이 나오기 때문이다.
>
> 어느 날, 현주는 거리에서 노래하는 아저씨를 보고 가수가 되는 꿈을 가진다. 그래서 날마다 열심히 노래를 연습하여 삼 년 후 꿈을 이룬다.
>
> 현주가 꿈을 갖고 열심히 노력하는 모습이 기억에 남았다.

8 다음 책을 소개하는 글의 빈칸에 들어갈 책 내용을 알맞게 쓴 것에 ○표 하세요.

> 제가 소개할 책은 『개미와 베짱이』입니다. 표지에 나오는 베짱이의 모습이 재미있어 보여 소개하려고 합니다.
>
> [   ]

(1) 겨울이 되어 먹을 것이 없었던 베짱이는 개미를 찾아가 먹을 것을 달라고 했습니다. 여름날, 개미는 겨울을 대비해 열심히 일했지만 베짱이는 놀기만 했습니다. (   )

(2) 여름날, 개미는 겨울을 대비해 열심히 일했지만 베짱이는 개미를 한심하게 생각하며 놀기만 했습니다. 겨울이 되어 먹을 것이 없었던 베짱이는 개미를 찾아가 사과하고 먹을 것을 달라고 했습니다. 개미는 베짱이에게 먹을 것을 나누어 주었습니다. (   )

9 다음 책을 소개하는 글에 덧붙일 글쓴이의 생각이나 느낌으로 알맞은 것을 찾아 ○표 하세요.

> 『풀 줄기로 만든 종이, 파피루스』를 소개해요.
>
> 종이가 발명되기 전에 사람들은 파피루스에 글을 썼어요. 파피루스는 이집트에서 자라는 긴 풀이에요. 옛날 이집트 사람들은 파피루스의 줄기 속 부드러운 부분을 말려 종이처럼 썼대요.

(1) 파피루스는 세계 최초의 종이예요. (　　　)

(2) 풀을 말려 종이처럼 썼다는 사실이 너무 신기했어요. (　　　)

(3) 파피루스로 종이를 만들려면 먼저 줄기를 얇게 펴야 해요.

(　　　)

10 다음 책을 소개하는 글의 빈칸에 들어갈 생각이나 느낌을 쓰세요.

> 『천둥방귀를 뀌는 며느리』를 소개한다.
>
> 옛날 어느 집에 시집온 며느리가 방귀를 뀌지 못해 얼굴이 누렇게 변하자 시아버지가 며느리에게 방귀를 뀌라고 했다. 며느리가 방귀를 뀌자 시아버지가 날아갔고, 시아버지는 며느리를 쫓아냈다. 집에서 쫓겨난 며느리는 친정에 가다가 비단 장수들을 만났다. 며느리는 비단 장수들에게 방귀를 뀌어 감나무에 달린 감을 따 주고 비단을 얻었다. 뒤쫓아 온 남편이 이 모습을 보고 며느리를 데리고 집으로 가 행복하게 살았다.
>
> _____
>
> _____

읽은 책 중에서 다른 사람에게 소개하고 싶은 책의 제목을 써 보세요.

1 내가 소개하고 싶은 책의 제목을 쓰세요.

2 **1**에서 답한 책을 소개하고 싶은 까닭을 쓰세요.

글쓴이가 하고 싶은 말이나 알리고 싶은 내용을 정리하거나 인물이 한 일 또는 시간이나 장소의 변화에 따라 책의 내용을 간추려 보세요.

3 **1**에서 답한 책의 내용을 간추려 쓰세요.

4 **1**에서 답한 책을 읽고 느낀 점을 정리하여 쓰세요.

5 **1**~**4**에서 정리한 내용을 바탕으로 하여 책을 소개하는 글을 쓰세요.

 무엇을 쓸까요?

| 관찰 기록문 | 동물이나 식물, 자연 현상이나 과학 실험을 통해 변화하는 모습을 관찰하여 쓰는 글입니다. |

 어떤 내용이 들어가나요?

- 관찰 대상
- 관찰하게 된 동기나 목적
- 관찰 방법
- 대상을 관찰한 내용(본 것, 들은 것)
- 관찰한 뒤 새롭게 알게 된 점이나 느낀 점
- 앞으로의 계획

> → 관찰 대상
> 오늘 마당에서 우연히 발견한 민들레를 관찰하였다.
> 관찰하게 된 동기
> 자와 돋보기를 가져와 직접 관찰하였다.
> 관찰 방법
> 민들레는 뿌리, 줄기, 잎으로 되어 있었고 꽃은 노란
> 색이었다. 키가 작고 줄기가 가늘었는데, 길이를 재 보
> 본 것
> 니 약 15센티미터 정도 되었다. 엄마께서 노란 민들레
> 꽃잎은 140개 정도라고 말씀해 주셨다.
> 들은 것
> 민들레를 관찰하면서 민들레의 노란색 꽃잎이 무척
> 느낀 점
> 예쁘다고 생각했다. 또 혼자서 쑥쑥 잘 자라는 민들레
> 가 대단하게 느껴졌다. 일주일 뒤에 얼마나 더 자랐는
> 지 또 관찰해 봐야겠다.
> 앞으로의 계획

관찰 기록문에 들어갈 내용은
정해져 있지 않아. 하지만 관찰 대상과
관찰 동기, 관찰 내용, 느낀 점은
반드시 들어가야 해.

어떻게 쓰나요?

- 관찰 대상을 정합니다.
- 관찰한 내용을 정확하게 씁니다.
- 본 것, 들은 것, 느낀 것을 구분하여 씁니다.
- 글의 짜임에 맞게 씁니다.

처음	관찰하게 된 동기나 목적, 관찰 방법
가운데	대상을 관찰한 내용, 본 것, 들은 것, 느낀 것
끝	관찰한 뒤에 알게 된 점, 종합적인 느낌, 앞으로의 계획

- 관찰 대상의 사진이나 그림이 있으면 넣습니다.

point 1

관찰한 내용을
정확하게 쓰기

이렇게 쓰지 말아요!

 강낭콩 새싹이 조금 자랐다. 3일 전보다 많이 자랐다.

이렇게 써야 좋아요!

강낭콩 새싹의 길이는 5 센티미터였다. 3일 전보다 1센티미터 정도 자랐다.

point 2

글의 짜임에 맞
게 쓰기

이렇게 쓰지 말아요!

교실에서 돋보기로 배추흰나비 알을 관찰하였다. → 관찰 방법
이렇게 작은 알이 애벌레, 번데기를 거쳐 배추흰나비가 된다는
것이 무척 신기하였다. → 종합적인 느낌
배추흰나비 알은 옥수수 모양이고, 노란색이었다. 선생님께서
알 표면에 줄무늬가 있다고 하셨다. → 관찰한 사실, 들은 것

이렇게 써야 좋아요!

교실에서 돋보기로 배추흰나비 알을 관찰하였다. → 관찰 방법
배추흰나비 알은 옥수수 모양이고, 노란색이었다. 선생님
께서 알 표면에 줄무늬가 있다고 하셨다. → 관찰한 사실, 들은 것
이렇게 작은 알이 애벌레, 번데기를 거쳐 배추흰나비가 된
다는 것이 무척 신기하였다. → 종합적인 느낌

 **주의할 점은
무엇인가요?**

- 내용을 알기 쉽게 씁니다.
- 느낀 것을 중심으로 쓰지 않도록 합니다.

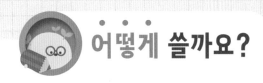

어떻게 쓸까요?

관찰 대상 정하기

1 다음 친구가 관찰하려는 대상은 무엇인지 쓰세요.

(1)

거북이 자라는 모습을 관찰할 거야.

해찬

(   )

(2)

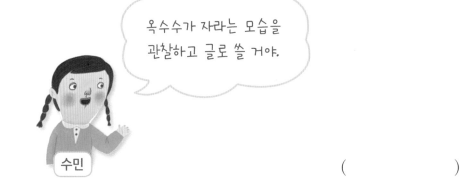

옥수수가 자라는 모습을 관찰하고 글로 쓸 거야.

수민

(   )

관찰한 내용 쓰기

2 다음 중 관찰한 내용을 정확하게 쓴 것은 무엇인가요? (   )

① 강낭콩 잎은 넓고 크다.

② 매미의 날개는 여러 장 있다.

③ 잠자리의 몸길이는 적당하게 길다.

④ 장수풍뎅이의 다리는 모두 6개이다.

3 다음 강아지를 관찰한 내용을 정확하게 쓴 것의 기호를 쓰세요.

⑦ 털이 구불구불하고 길다.

④ 다리가 길고, 꼬리가 뭉툭하다.

④ 얼굴에 갈색의 얼룩무늬가 있다.

(   )

4 다음 완두콩의 생김새를 관찰한 내용을 쓰세요.

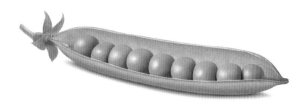

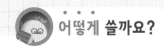

본 것,
들은 것,
느낀 것
구분하여
쓰기

5 다음은 관찰 기록문에 들어갈 내용입니다. 본 것에 해당하면 ○표를, 들은 것에 해당하면 △표를, 느낀 것에 해당하면 ☆표를 하세요.

(1) 줄기의 높이가 1미터를 조금 넘었다. ( )

(2) 아빠께서 코스모스는 원래 멕시코에서 나는 꽃이라고 말씀해 주셨다. ( )

(3) 꽃은 흰색, 분홍색, 빨간색이었는데, 꽃잎의 끝이 톱니처럼 갈라져 있었다. ( )

(4) 여러 가지 색깔의 코스모스를 보니 왜 가을을 대표하는 꽃이라고 하는지 알 것 같았다. ( )

6 다음은 관찰 기록문의 일부입니다. 느낀 것을 쓴 부분을 찾아 밑줄을 그으세요.

매미의 몸길이는 3센티미터 정도였고, 두 쌍의 날개를 가지고 있었는데, 앞날개가 뒷날개보다 컸다. 그리고 머리 부분에 한 쌍의 더듬이가 있었다. 엄마께서 매미는 수컷만 소리를 내고, 암컷은 소리를 내지 않는다고 알려 주셨다.

매미의 크기는 작은데 울음소리가 무척 큰 것이 신기하였다.

7 다음 중 관찰 기록문의 처음 부분에 들어가기에 알맞은 내용을 찾아 ○표 하세요.

(1) 화분에 붙어 있는 달팽이를 관찰하였다. (   )

(2) 항상 껍데기를 매달고 다니는 달팽이가 대단하게 느껴졌다. (   )

(3) 크기는 2센티미터 정도 되었다. 머리에는 뿔처럼 생긴 두 쌍의 더듬이가 있었다. (   )

8 다음은 관찰 기록문의 처음, 가운데, 끝 중 어느 부분에 들어가기에 알맞은지 쓰세요.

방아깨비의 머리는 기다랗고 뾰족한 삼각형 모양이었다.

(   ) 부분

9 다음 중 관찰 기록문의 끝부분에 들어갈 내용으로 알맞은 것의 기호를 모두 쓰세요.

㉮ 앞으로 며칠 정도 더 관찰할 예정이다.

㉯ 거미는 배 끝에서 실을 뽑아내 집을 짓고 있었다.

㉰ 자연에 더 많은 관심을 가져야겠다는 생각을 하였다.

㉱ 대문 근처에서 집을 짓고 있는 거미를 관찰하게 되었다.

(   )

이렇게 써 봐요!

1 관찰 기록문을 쓸 대상을 쓰세요.

동물이나 식물, 자연 현상이나 과학 실험 중에서 관찰 대상을 하나 정해 봅니다.

2 **1**에서 답한 대상을 관찰한 동기나 목적을 쓰세요.

대상을 관찰하게 된 까닭이나 목적을 씁니다.

3 **1**에서 답한 대상을 관찰한 내용을 쓰세요.

관찰 대상에 대해 본 것, 들은 것을 정리하여 써 봅니다.

4 **1**에서 답한 대상을 관찰하면서 느낀 점을 쓰세요.

관찰한 내용과 느낀 점을 잘 구별하여 씁니다.

5 **1**~**4**에서 정리한 내용을 바탕으로 관찰 기록문을 쓰세요.

글

1주 『고제는 알고 있다』 김기정 글 | 낮은산 | 2015년

3주 『오늘도 나는 마트 간다!』 박신식 글 | 예림당 | 2015년

4주 『내 직업은 직업 발명가』 강승임 글 | 책속물고기 | 2015년

사진

58~59쪽 「이태영 변호사」 한국가정법률상담소

▶ 위에 제시되지 않은 사진이나 이미지는 사용료를 지불하고 셔터스톡 코리아에서 대여했음을 밝힙니다.

▶ 길벗스쿨은 이 책에 실린 모든 글과 사진의 출처를 찾기 위해 최선의 노력을 기울였습니다.
   저작권자를 찾지 못해 허락을 받지 못한 글과 사진은 저작권자가 확인되는 대로 통상의 사용료를 지불하겠습니다.

앗!

본책의 가이드북을 분실하셨나요?
길벗스쿨 홈페이지에 들어오시면
내려받으실 수 있습니다.

기적의
독서 논술

가이드북

가이드북 활용법

독해 문제의 경우에만 정답을 확인하시고 정오답을 체크해 주시면 됩니다.

낱말 탐구에 제시된 어휘의 뜻은 국립국어원의 국어사전 내용을 기준으로 풀이하여 실었습니다.

그 외 서술·논술형 문제에 해당하는 예시 답안은 참고만 하셔도 됩니다.

아이의 다양한 생각이 예시 답과 다르다고 하여 틀렸다고 결론 내지 마세요.

아이 나름대로 근거가 있고, 타당한 대답이라면 정답으로 인정합니다.

이치에 맞지 않은 답을 한 경우에만 수정하고 정정할 기회를 주시기 바랍니다.

답을 찾는 과정에 집중해 주세요.

다소 엉뚱하지만 창의적이고,
기발하면서 논리적인 대답에는 폭풍 칭찬을 잊지 마세요!

부디 너그럽고 논리적인 독서 논술 가이드가 되길 희망합니다.

1주 고제는 알고 있다

읽기 전 생각 열기

1주 고제는 알고 있다

읽기 전 생각 열기
16~17쪽

1 가족이나 친구들 중에서 자신과 다른 점이 있는 사람의 이름을 쓰고, 어떤 점이 다른지 쓰세요.

우린 쌍둥이지만 성격이 달라.

형은 급한 성격인데 나는 느긋한 성격이야.

이름	다른 점
예) 같은 반 친구 김정환	예) 나는 조용히 책 읽는 것을 좋아하는데, 정환이는 밖에서 뛰어노는 것을 좋아한다.
예) 이모 유정은	예) 나는 고기를 좋아하지만, 이모는 채소를 좋아한다.

2 다음은 경기도 용인시의 한 초등학교에서 있었던 일이에요. 기국이의 네 친구들의 행동에 대해 어떤 생각이나 느낌이 들었는지 쓰세요.

한 초등학교 가을 운동회 날, 기국이를 포함한 6학년 친구 다섯 명이 나란히 달리기 결승선에 들어왔어요. 기국이는 *연골무형성증이라는 병을 앓고 있어 그동안 달리기를 할 때마다 꼴찌를 했는데, 이런 기국이를 위해 친구들이 계획한 일이었죠.

네 친구들은 출발 신호가 떨어지자마자 달려 나갔다가 기국이에게로 다시 돌아왔어요. 그러고는 기국이 손을 잡고 함께 달려 나란히 결승선에 들어왔어요. 모두가 일 등을 했고, 꼴찌는 없었지요.

예) 자신과 다른 친구를 배려하는 모습이 감동적이다. / 친구의 마음을 헤아릴 줄 아는 점을 배우고 싶다. / 나도 기국이의 네 친구들처럼 우정을 소중히 여기는 사람이 되고 싶다.

해설

1 우리가 사는 사회는 서로 다른 사람들이 모여 이루어졌습니다. 우리 주변에 자신과 다른 사람에는 누가 있는지 살펴보고, 어떤 점이 다른지 생각해 봅니다.

2 배려와 우정이 무엇인지 보여 준 네 친구들의 행동에 대한 생각이나 느낌을 솔직하게 써 봅니다.

읽기 전 낱말 탐구
18~19쪽

1 다음 빈칸에 들어갈 알맞은 낱말을 보기에서 찾아 쓰세요.

보기   감당   주의력   볼멘소리   술렁였다

내 짝은 **주의력** 이 무척 뛰어나다.

선생님이 나가시자 아이들이 **술렁였다**

아기가 **감당** 이 안 될 정도로 심하게 울었다.

문제가 너무 어렵네.
나는 어려운 시험 문제를 보고 **볼멘소리** 를 하며 투덜거렸다.

2 다음 밑줄 친 말과 바꾸어 쓸 수 있는 낱말을 보기에서 찾아 쓰세요.

보기   일러   결핍   가물가물하게

텔레비전에서 영양 <u>부족</u>으로 힘들어하는 아이를 보았다.
✎ 결핍

할머니께서 맛있는 사과를 고르는 방법을 <u>말씀</u>해 주셨다.
✎ 일러

공연장 뒤쪽에 앉아서 주인공의 얼굴이 <u>희미하게</u> 보였다.
✎ 가물가물하게

낱말 탐구

+ **주의력:** 한 가지 일에 마음을 집중하여 나가는 힘.
+ **술렁이다:** 어수선하게 소란이 일다.
+ **감당:** 일 따위를 맡아서 능히 해냄.
+ **볼멘소리:** 서운하거나 성이 나서 퉁명스럽게 하는 말투.
+ **결핍:** 있어야 할 것이 없어지거나 모자람.
+ **이르다:** 무엇이라고 말하다.
+ **가물가물하다:** 조금 멀리 있는 물체가 보일 듯 말 듯 희미하다.

4권 **1**

한줄톡! ❶ 고제 ❷ 지하철 ❸ 나쁜

한줄톡! ❹ 열차 ❺ (우리) 반 아이들 ❻ 혼

25쪽

내용 확인 **1** 놀이공원 **2** (2) ○ **3** ②
4 ㉯

31쪽

내용 확인 **1** 짝, 3 **2** ㉯ **3** ③ **4** (2) ○
(3) ○

1 놀이공원으로 현장 체험 학습을 간다고 하였습니다.

2 '나'는 고제를 챙겨 달라는 선생님의 부탁을 거절하지 못해서 현장 체험 학습 때 고제와 함께 다니게 되었습니다.

3 ADHD에다 자폐 증세까지 있는 고제는 수업 시간에 창밖을 보거나 책상 밑에 고개를 파묻거나 교실을 왔다 갔다 하는 등 하루에 꼭 한두 번씩은 사고를 쳤습니다.

4 '나'는 고제를 당연히 친하게 지내야 하는 친구로 생각하고 있습니다. 그래서 고제와 친하게 지내 줘서 고맙다는 고제 엄마의 말도, 고제를 이해해 줘야 한다는 엄마의 말도 이해가 되지 않았습니다.

1 선생님은 놀이공원에 도착한 우리들에게 짝하고 절대로 손을 놓으면 안 되고, 3시까지는 버스로 돌아와야 한다고 단단히 일러 주셨습니다.

2 '나'는 그동안 고제가 하는 행동에는 나름의 이유가 있었고, 고제가 반 아이들의 이름과 얼굴을 잘 알고 있다는 것을 알게 되었습니다.

3 '나'와 고제는 약속 시간보다 1시간 늦은 4시에 와서 선생님에게 혼이 났습니다.

4 '나'는 편견과 차별 없이 친구를 대하고, 이해심이 많으며, 책임감이 강합니다. '내'가 효심이 깊은지는 알 수 없습니다.

1 『고제는 알고있다』에서 일어난 일의 차례를 생각하며 빈칸에 알맞은 말을 쓰세요.

① '나'는 ADHD에다 자폐 증세까지 있는 고제를 이해해 줘야 한다는 엄마의 말씀이 이해가 되지 않았다.

② 고제는 하루에 한두 번씩 사고를 치는데, 어제도 | 소완이 |의 머리를 잡아당겼다.

③ 현장 체험 학습 날, 선생님은 '나'에게 고제를 부탁하셨고, '나'는 그 부탁을 | 예 거절하지 못했다 |

④ 놀이공원에 도착한 뒤, 선생님은 3시까지 버스로 돌아와야 한다고 말씀하셨다.

⑤ '나'와 고제는 순식간에 반 아이들과 떨어져 열차를 탔다.

⑥ 고제와 관람차를 탄 '나'는 고제가 반 아이들의 이름과 얼굴을 기억한다는 사실과 | 예 고제가 소완이 머리카락을 잡아당긴 까닭 |을 알게 되었다.

⑦ '나'와 고제는 관람차를 다섯 번이나 더 탔다. 그래서 | 예 약속 시간에 늦었다 |

⑧ '나'와 고제는 돌아오는 버스 안에서 선생님에게 | 혼이 났다 |.

1 집으로 돌아오는 버스 안에서 '나'는 소완이에게 말을 걸었어요. '내'가 소완이에게 어떤 말을 했을지 상상하여 쓰세요.

소완아, 고제가 말이야. ✎ 예 지난번에 네 머리카락을 잡아당긴 건 네 머리카락에 붙은 송충이를 떼어 내리려고 했던 거야. 고제가 널 괴롭히려고 한 게 아니야. 앞으로 고제의 행동을 이해하려고 노력하자.

2 자신이 '나'라면 다음 상황에서 어떻게 말했을지 생각하여 쓰세요.

선생님이 '나'에게 고제를 부탁하셨을 때

부탁해. 선생님이 고제만 보고 있을 순 없잖니?

✎ 예 고제와 단둘이 다니는 건 힘들 것 같아요. 다른 친구 한 명을 더 정해서 셋이 함께 다니면 좋을 것 같아요.

고제 엄마가 '나'에게 고맙다고 말씀하셨을 때

고제와 친하게 지내 줘서 고마워.

✎ 예 고제도 제 친구인걸요. 앞으로도 고제와 계속 친하게 지낼게요. / 고제가 힘들게 할 때도 있지만 친구니까 이해해 주려고요.

3 '나'와 고제는 약속 시간에 늦어 선생님에게 혼이 났어요. 선생님과 '나'의 입장이 되어 보고, 빈칸에 이어질 말을 쓰세요.

왜 이렇게 늦었니? 너희 때문에 ✎
예 반 친구들이 모두 기다렸잖니? / 선생님과 친구들이 모두 걱정했잖아!

죄송해요. 제가 늦은 까닭은 ✎ 예 고제를 챙기느라 그랬던 거예요. 고제가 관람차를 다섯 번이나 탔거든요.

4 고제를 대하는 반 아이들과 '나'의 태도는 서로 달랐어요. 다음 그림을 통해 어떻게 다른지 살펴보고, '나'를 칭찬하는 말을 쓰세요.

고제는 이상해. / 고제는 바보 같아! / 고제한테 냄새가 나. / 고제는 내 친구야.

'나'를 칭찬하는 말

예 너는 친구를 편견 없이 대하는구나. 그리고 다른 사람을 잘 배려하는 것 같아.

해설

1 고제가 소완이 머리카락을 잡아당긴 까닭을 포함하여 썼으면 정답으로 합니다. 그리고 고제에 대해 새롭게 알게 된 사실과 그것을 통해 느낀 점을 덧붙여 쓰면 더욱 좋습니다.

2 '나'에게 고제를 부탁하신 선생님과 '나'에게 고마움을 전하는 고제 엄마의 마음을 생각해 보고, 자신이라면 어떤 대답을 했을지 자유롭게 써 봅니다.

3 고제와 함께 다니느라 힘들었던 '나'의 입장과 약속 시간에 늦은 '나'와 고제를 기다리는 선생님과 반 아이들의 입장을 모두 생각해 보고, 빈칸에 들어갈 알맞은 말을 정리해서 써 봅니다.

4 반 아이들은 고제를 이해하지 못했고 친하게 지내려고 하지 않았지만, '나'는 고제를 친구라고 생각하여 배려하고 이해해 주었습니다. '내'가 잘한 점이 드러나도록 칭찬하는 말을 썼으면 정답으로 인정합니다.

읽기 전 생각 열기

42~43쪽

1 그림에서 다음과 같은 일을 하는 사람은 누구인지 찾아 쓰세요.

재판을 진행하고, 피고에게 판결을 내리는 사람. **판사**

재판에서 피고와 같은 편에 서서 최대한 벌을 덜 받을 수 있게 도와주는 사람. **변호사**

2 다음 그림에 나온 인물들의 말을 살펴보고, 어떤 생각이나 느낌이 드는지 쓰세요.

✎ ㈀ 여자와 남자를 구분 짓는 것은 잘못이다. / 무조건 여자는 약하고 남자는 강하다는 것은 잘못된 생각이다.

해설

1 판사, 검사, 변호사는 모두 법을 다루는 일을 하지만 판사는 검사와 변호사의 말을 듣고 판단을 내리는 역할, 검사는 판사가 적절한 벌을 내리도록 요청하는 역할, 변호사는 피고 편에 서서 벌을 덜 받을 수 있게 도와주는 역할을 합니다.

2 그림에서 말하는 인물들 모두 여자와 남자를 구분 짓고 있습니다. 이에 대한 자신의 생각이나 느낌을 정리하여 써 봅니다.

읽기 전 낱말 탐구

44~45쪽

1 다음 사전이 하는 말을 읽고, 문장에 어울리는 낱말을 찾아 ○표 하세요.

2 다음 뜻에 알맞은 낱말이 되도록 빈칸에 들어갈 글자를 보기 에서 찾아 쓰세요.

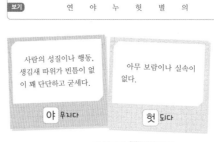
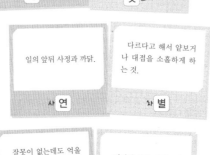

보기 연 야 누 헛 벌 의

사람의 성질이나 행동, 생김새 따위가 빈틈이 없이 꽤 단단하고 굳세다.
야 무지다

아무 보람이나 실속이 없다.
헛 되다

일의 앞뒤 사정과 까닭.
사 **연**

다르다고 해서 얕보거나 대접을 소홀하게 하는 것.
차 **별**

잘못이 없는데도 억울하게 뒤집어쓰는 죄나 허물.
누 명

어떠한 일을 이루고자 하는 마음.
의 지

낱말 탐구

✦ **법정:** 재판하는 곳.

✦ **함정:** 짐승 따위를 잡으려고 판 구덩이.

✦ **연결:** 사물과 사물 또는 현상과 현상이 서로 이어지거나 관계를 맺음.

✦ **무죄:** 아무 잘못이나 죄가 없음.

✦ **무리:** 사람이나 짐승, 사물 따위가 모여서 뭉친 한 동아리.

한줄툭! ❶ 학교　❷ 누비이불　❸ 법과

51쪽
내용 확인 ❶ (1) ○　❷ 변호사　❸ ㉯
❹ ②

❶ 딸을 학교에 보내지 않는 경우가 많았고, 여자가 법학을 공부할 수 있는 곳이 없었다는 내용을 통해 남자와 여자를 차별했다는 것을 짐작할 수 있습니다.

❷ 이태영의 큰오빠는 이태영의 당당한 모습을 보고 커서 변호사가 되면 좋겠다고 했습니다. 이태영은 큰오빠의 말을 듣고 변호사가 되기로 결심했습니다.

❸ 독립운동을 하다 감옥에 갇힌 것은 이태영의 남편입니다.

❹ 이태영이 겁이 많은 성격이었다면 웅변대회에 나가서 자신의 생각을 당당하게 말하지 못했을 것입니다.

한줄툭! ❹ 변호사　❺ 가족법　❻ 여성

57쪽
내용 확인 ❶ ㉰　❷ 여자(여성)이기 때문에
❸ (2) ○　❹ ①

❶ 이태영은 열심히 공부하느라 계절이 여름으로 바뀐 것도 모르고 겨울옷을 입고 시험을 보러 갔습니다.

❷ 이태영은 여자(여성)라는 이유로 판사가 될 수 없었습니다.

❸ 바뀌기 전의 가족법은 이혼을 하면 남편만 자식을 키울 수 있었고, 남편과 아내가 함께 벌어서 모은 재산이라도 무조건 남편의 것으로만 인정되었으며, 딸은 부모의 재산을 물려받지 못했습니다.

❹ 이태영은 가족법 개정과 호주제 폐지를 위해 노력하였고, 여성백인 회관 건설을 위해 벽돌값을 모으는 운동도 하였습니다.

읽은 후 생각 정리　58~59쪽

❶ 『여성을 위한 변호사 이태영』에서 이태영이 살아온 과정을 정리하며 빈칸에 알맞은 말을 쓰세요.

1914년 평안북도 운산에서 태어남.

이태영

1932년 이화여자 전문대학 에 입학함.

1933년 대학에서 법학 공부를 시작함.

1952년 우리나라 여성 최초로 사법 시험에 합격함.

1950년 서울대학교 법과대학을 졸업함.

1946년 우리나라 여성 최초로 서울대학교 법과대학 에 합격함.

1936년
• 이화여자 전문대학을 졸업함.
• 독립운동을 하는 가난한 청년과 결혼함.

1953년 우리나라 최초로 여성 변호사 가 됨.

1976년 여성 백인 회관 을 세움.

1977년 이태영의 노력으로 가족법 이 개정됨.

1998년 세상을 떠남.

(사진 출처: 한국가정법률상담소)

독서 논술

4권

1 다음은 이태영을 인터뷰한 내용이에요. 사회자의 질문에 이태영이 어떤 대답을 했을지 생각하여 쓰세요.

여성을 위해 하신 일은 무엇인가요?

가족법 개정과 호주제 폐지, 여성 백인 회관 건설을 위해 노력했어요.

그 일을 하시게 된 까닭은 무엇인가요?

예 남성과 여성을 차별하는 것은 옳지 않다고 생각했기 때문이에요. 그래서 더 이상 여성이 차별받지 않도록 하고 싶었어요.

여러 가지 힘든 일도 많았을 텐데, 어떻게 참고 이겨 내셨나요?

예 옳다고 믿는 일은 반드시 해내고 싶었어요. 그래서 의지를 가지고 포기하지 않았어요.

2 이태영이 어릴 때 웅변대회에 나가서 주장한 내용이에요. 내가 이태영이었다면 어떤 이유를 들어 말했을지 간단히 쓰세요.

아들과 딸을 차별하면 안 됩니다.

예 딸도 아들처럼 소중하게 여겨야 할 귀중한 사람이기 때문입니다.

3 이태영은 어떤 연설에서 여성을 차별하는 내용의 말을 바꾸어 말한 적이 있어요. 이태영처럼 다음 말을 바꾸어 쓰세요.

| 암탉이 울면 집 안이 망한다. | → | 예 암탉이 울면 알을 낳는다. |

| 여자 셋이 모이면 접시가 깨진다. | → | 예 여자 셋이 모이면 큰일을 할 수 있다. |

| 여자 목소리가 담장을 넘으면 안 된다. | → | 예 여자 목소리가 담장을 넘으면 좋은 일이 생길 것이다. |

4 우리나라 돈에 나오는 위인 중에서 여성은 신사임당뿐이에요. 그래서 이태영을 새롭게 추천하려고 해요. 빈칸에 알맞은 내용을 써서 추천서를 완성해 보세요.

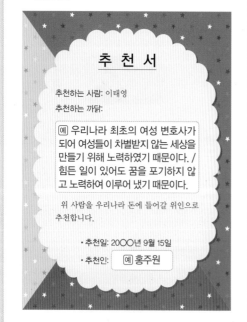

추 천 서

추천하는 사람: 이태영

추천하는 까닭:

예 우리나라 최초의 여성 변호사가 되어 여성들이 차별받지 않는 세상을 만들기 위해 노력하였기 때문이다. / 힘든 일이 있어도 꿈을 포기하지 않고 노력하여 이루어 냈기 때문이다.

위 사람을 우리나라 돈에 들어갈 위인으로 추천합니다.

• 추천일: 2000년 9월 15일
• 추천인: 예 홍주원

5 이태영처럼 바꾸고 싶은 규칙이 있나요? 평소에 지켜야 했던 규칙 중에서 바꾸고 싶은 것을 한 가지 떠올려 빈칸에 알맞은 내용을 쓰세요.

바꾸고 싶은 규칙: 학교 운동장을 동네 주민들이 이용할 수 있도록 열어 놓은 것

왜 바꾸고 싶나요?
학교 운동장을 쓰레기가 너무 많기 때문이다.

바꾸기 위해서 어떤 노력을 할 수 있나요?
학교 누리집 게시판에 동네 주민들이 학교 운동장을 이용하지 못하게 하자는 의견을 쓴다.

바꾸고 싶은 규칙: 예 학교 도서관에서 만화책을 빌리려면 동화책도 함께 빌려야 하는 것

왜 바꾸고 싶나요? 예 학습에 도움이 되는 만화책도 있기 때문이다.

바꾸기 위해서 어떤 노력을 할 수 있나요? 예 도서관 사서 선생님께 책의 종류와 관계없이 책을 빌리게 하자는 의견을 말씀드린다.

해설

1 이태영은 남녀 차별을 여러 번 겪었습니다. 특히 여자이기 때문에 판사가 되지 못하자 억울한 처지에 있는 여성들을 돕는 변호사가 되어 가족법 개정과 호주제 폐지, 여성 백인 회관 건설을 위해 노력했습니다.

2 아들과 딸을 차별하는 것이 잘못된 것이라는 주장과 그 까닭을 써 봅니다.

3 • **암탉이 울면 집안이 망한다**: 아내가 떠들고 간섭하면 집안일이 잘 안 된다.

• **여자 셋이 모이면 접시가 깨진다**: 여자가 많이 모이면 말도 많고 떠들썩하다.

4 이태영이 한 훌륭한 일과 관련지어 답을 써 봅니다.

5 평소 불편했거나 옳지 않다고 생각했던 규칙과 그 규칙을 원하는 방향으로 바꾸기 위해 할 수 있는 일을 바르게 떠올려 썼으면 정답으로 합니다.

3주 염색약이냐 연필깎이냐, 그것이 문제로다!

읽기 전 **생각 열기**

68~69쪽

1 '소득'과 '소비'의 뜻을 잘 읽고, 각각 관련 있는 그림을 두 가지씩 찾아 ○표 하세요.

소득이란? 정해진 기간 동안 벌어들인 돈

소비란? 필요한 물건을 사기 위해 돈을 쓰는 것

2 다음 그림 속 친구들이 어떻게 소비를 하고 있는지 살펴보고, 자신의 소비 습관은 어떠한지 쓰세요.

줄넘기를 사러 온 건데, 연필이 너무 예뻐서 사야겠어.

일주일치 용돈을 한꺼번에 다 써 버렸네.

오늘은 자랑 지우개만 사야 해.

나는?

🖊 예 가끔 심부름을 해서 용돈을 받으면 바로바로 다 써 버리는 편이다. / 일주일치 용돈을 받으면 반은 저축하고 반은 꼭 필요한 곳에만 쓴다.

해설

1 '소득'은 어떤 활동의 대가로 받는 돈을 말합니다. 심부름을 하고 받는 용돈도 소득입니다. '소비'는 필요한 것을 사기 위해 돈을 쓰는 것을 말하는데, 미용실에서 머리를 자르는 일이나 찜질방을 이용하는 일 등도 소비에 해당합니다.

2 그림 속 친구들처럼 충동적으로 물건을 사는 친구도 있을 것이고, 용돈을 받으면 한꺼번에 다 써 버리는 친구도 있을 것입니다. 또, 계획적으로 돈을 잘 쓰는 친구도 있을 것입니다. 자신의 소비 습관을 점검해서 솔직하게 써 봅니다.

고 중 읽기 전 **낱말 탐구**

70~71쪽

1 다음 그림에서 밑줄 친 낱말의 뜻으로 알맞은 것을 찾아 선으로 이으세요.

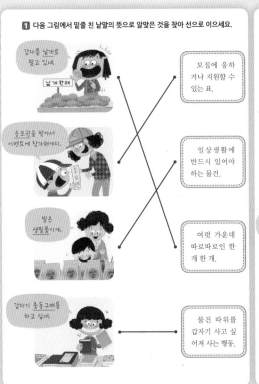

- 모집에 응하거나 지원할 수 있는 표.
- 일상생활에 반드시 있어야 하는 물건.
- 여럿 가운데 따로따로인 한 개 한 개.
- 물건 따위를 갑자기 사고 싶어져 사는 행동.

2 밑줄 친 말과 뜻이 비슷하여 바꾸어 쓸 수 있는 낱말을 찾아 ○표 하세요.

이 가게는 과일값이 싸서 항상 손님이 많다. → 저렴해서 / 저조해서

언니가 꾸짖는 듯이 말해서 기분이 좋지 않았다. → 나부끼는 / 나무라는

어머니는 매우 급한 일이 생겨서 발표회에 오지 못하셨다. → 다양한 / 다급한

쉬는 시간을 알리는 종이 울리자, 아이들은 시끌벅적 떠들기 시작했다. → 왁자지껄 / 쭈뼛쭈뼛

낱말 탐구

✦ **저렴하다:** 물건 따위의 값이 싸다.

✦ **저조하다:** 성적이나 비율 같은 것이 낮다.

✦ **나부끼다:** 가벼운 것이 바람을 받아서 펄럭이다.

✦ **나무라다:** 잘못을 꾸짖어 알아듣도록 말하다.

✦ **다급하다:** 일이 바싹 닥쳐서 매우 급하다.

✦ **왁자지껄:** 여럿이 정신이 어지럽도록 시끄럽게 떠들고 지껄이는 소리. 또는 그 모양.

✦ **쭈뼛쭈뼛:** 서툴거나 부끄러워서 자꾸 주저주저하거나 머뭇거리는 모양.

한줄톡! ❶ 스티커 ❷ 염색약 ❸ 염색약

77쪽

내용 확인 **1** ②, ④ **2** ④ **3** 후회
4 할머니, 어른

1 다솜이는 윤후의 생일 선물로 연필깎이를 사려고 했고, 할머니의 생신 선물로 염색약을 사려고 했습니다.

2 다솜이는 윤후의 생일 선물을 사러 문방구에 갔지만, 엑스 멤버의 스티커를 충동구매하는 바람에 돈이 부족해서 연필깎이를 사지 못했습니다.

3 다팔아 마트 아주머니는 무엇을 사야 할지 몰라 고민하는 다솜이에게 무엇을 사든 덜 후회하는 쪽을 선택해야 한다고 말씀하셨습니다.

4 다솜이는 염색약을 살까 연필깎이를 살까 고민하다가 할머니가 어른이시니까 우선 염색약을 사기로 했습니다.

한줄톡! ❹ 돈 ❺ 편지 ❻ 통장

83쪽

내용 확인 **1** ④ **2** 편지 **3** ①
4 따져

1 다솜이는 엄마께 다음 달 용돈을 미리 달라고 부탁드렸지만, 엄마께서는 친구 생일 선물은 다솜이의 용돈 안에서 해결하기로 했다며 주시지 않았습니다.

2 다솜이는 문방구에서 예쁜 편지지를 사서 윤후에게 편지를 썼습니다.

3 윤후는 다솜이가 할머니 선물을 선택한 것은 잘한 일이라고 했고, 선물을 받는 것보다 다솜이랑 사이좋게 잘 지내는 것이 훨씬 더 좋다고 했습니다.

4 다솜이는 앞으로 충동구매를 하지 않을 것이며, 꼭 사야 하는 물건인지 꼼꼼히 따져 보고 사겠다고 다짐했습니다.

1 다솜이가 윤후와 할머니의 생일 선물을 마련한 과정이 잘 나타나도록 차례대로 정리해 보세요.

① 다솜이가 **윤후** 의 생일 선물로 연필깎이를 사기 위해 문방구에 갔다.

내가 가진 돈은 만 원이야.

② 다솜이는 연필깎이를 사지 않고 엑스 멤버 스티커를 충동구매했다.

5천 원을 써서 **5** 천 원이 남았네.

③ 다솜이는 **할머니** 의 생신 선물로 염색약도 사야 해서 서랍에서 돈을 찾았다.

8천 원이 조금 넘네.

④ 다솜이는 다팔아 마트에서 염색약이 6천 원인 것을 알고 무엇을 살지 고민하다가 염색약을 샀다.

6천 원을 써서 **2** 천 원 조금 넘게 남았어.

⑤ 다솜이는 연필깎이를 사기 위해 엄마께 다음 달 용돈을 미리 달라고 부탁드렸지만 [예] **엄마가 주시지 않았다.**

⑥ 다솜이는 문방구에서 **편지지** 를 사서 윤후에게 편지를 썼다.

편지지를 사느라 2천 원을 썼어.

⑦ 용돈을 받는 날, 엄마가 다솜이에게 [예] **통장과 도장** 을 주셨다.

1 다솜이 엄마가 다솜이에게 다음과 같이 하신 것은 다솜이가 용돈을 어떻게 쓰기를 바라시기 때문인지 쓰세요.

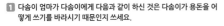

다솜이가 윤후의 생일 선물을 살 돈이 부족해서 다음 달 용돈을 미리 달라고 했을 때 주지 않았다.

다음 달 용돈을 미리 줄 수는 없어.

🖉 예 용돈을 계획적으로 쓰기를 바라신다.

다솜이의 통장에 용돈을 넣어 두고, 통장과 도장을 다솜이에게 주셨다.

이 통장에 용돈을 넣어 뒀어.

🖉 예 충동구매를 하지 않고 돈을 아껴 쓰기를 바라신다.

2 내가 다솜이라면 염색약과 연필깎이 중에서 무엇을 살지 정하고, 그 까닭을 쓰세요.

염색약을 살 것이다.

왜냐하면 🖉 예 할머니는 자주 뵐 수 없기 때문에 할머니를 더 기쁘게 해 드리고 싶기 때문이다.

연필깎이를 살 것이다.

왜냐하면 🖉 예 할머니는 가족이니까 이해를 해 주실 것 같지만, 윤후는 많이 서운해할 것 같기 때문이다.

3 다솜이는 윤후에게 생일 선물로 편지를 써 주었어요. 내가 다솜이라면 어떤 내용의 편지를 쓸지 생각해서 다음 편지를 완성해 보세요.

윤후에게

안녕? 나 다솜이야.

예 생일잔치에 초대해 줘서 고마워. 그런데 연필깎이를 선물로 주지 못해서 미안해. 네가 본 것처럼 엑스 멤버 스티커를 충동구매했고, 남은 돈으로는 할머니 생신 선물을 샀거든. 내년 생일에는 꼭 연필깎이를 사 줄게.

생일을 진심으로 축하해.

20○○년 ○○월 ○○일

다솜이가

4 우리가 쓸 수 있는 돈은 어느 정도 정해져 있기 때문에 '현명한 선택'을 해야 해요. 다음 그림 속 친구가 되어 무엇을 살지 정하고, 그렇게 정한 까닭을 쓰세요.

내가 쓸 수 있는 돈은 2만 원인데…….

필통이 낡았기 때문에 새 필통이 필요해.

친구들은 모두 드론을 가지고 있는데 나만 없어. 친구들과 함께 드론을 날리고 싶어.

	○○ 드론	□□ 드론	필통
가격	12,000원	20,000원	9,000원
특징	• 드론 중에서는 가격이 저렴함. • 조종하기 어려움.	• 튼튼하고 조종하기 쉬움. • 가격이 비쌈.	• 크기가 크고 색깔이 예쁨. • 필통 중에서는 가격이 비쌈.

살 물건
예 • 필통
• □□ 드론

그 까닭
예 • 지금 가장 필요한 물건이기 때문이다.
• 필통은 낡은 것이지 없는 게 아니기 때문에 더 쓰면 되고, 드론은 조금 비싸더라도 튼튼해야 오래 가지고 놀 수 있기 때문이다.

1 첫 번째와 두 번째 답은 바뀔 수도 있고, 같은 답을 쓸 수도 있습니다. 엄마는 다솜이가 충동구매를 하지 않고 용돈을 계획적으로 쓰기를 바라는 마음으로 다음 달 용돈을 미리 주지 않으셨고, 통장에 용돈을 넣어 주신 것입니다. 돈을 잘 쓰는 것(현명한 소비)에 대해 생각해 보는 시간을 가져 봅니다.

2 정답이 정해진 것이 아니므로 자유롭게 생각을 정해도 되지만, 그 생각에 어울리는 까닭을 써야 합니다.

3 연필깎이를 주지 못해 미안한 마음, 연필깎이를 주지 못한 까닭, 생일을 축하하는 말을 포함하여 편지를 완성해 봅니다. 편지는 '받을 사람 - 첫인사 - 전하고 싶은 말 - 끝인사 - 쓴 날짜 - 쓴 사람'의 순서대로 써야 하므로 '하고 싶은 말'과 '끝인사'를 함께 써 봅니다.

4 현명한 선택을 하기 위해서는 필요성, 가격, 품질 등을 미리 꼼꼼하게 따져 보고 자신에게 가장 알맞은 것을 골라야 합니다. 사고 싶은 물건을 정하고 까닭을 알맞게 썼으면 정답으로 인정합니다.

4주 내 직업은 직업 발명가

1 다음 사진을 보고 떠오르는 직업은 무엇인지 쓰세요.

예 가수, 아나운서, 기자

예 승무원, 조종사, 항공 정비사

예 경찰관, 체육 선생님, 축구 심판

예 모델, 패션 디자이너, 옷 판매원

2 다음 그림에 나오는 사람이 직업을 가진 까닭은 무엇일지 선으로 이으세요.

열심히 일해서 돈을 더 많이 모아야지.

— 돈을 모으기 위해서

우리 사회를 위해 이 연구를 꼭 성공할 거야.

보람을 느끼기 위해서

건강해진 환자를 볼 때마다 보람을 느껴요.

사회에 도움이 되기 위해서

해설

1 우리 주변에 있는 여러 가지 직업 중에서 마이크, 비행기, 호루라기, 옷과 관련된 직업에는 무엇이 있을지 떠올려 봅니다.

2 이밖에도 사람들은 자신의 능력을 개발하기 위해서, 인간관계를 맺기 위해서 직업을 갖고 일을 합니다.

---

1 다음 빈칸에 들어갈 알맞은 낱말을 보기에서 찾아 쓰세요.

보기 간청 결사반대 희한하게 막연하게

서점에 같이 가자.

나는 친구의 **간청** 을 들어주었다.

박물관에 **희한하게** 생긴 곤충들이 많았다.

미래에 어떤 사람이 되어 있을까?

미래에 어떤 사람이 되어 있을지 **막연하게** 생각해 봤다.

절대 안 돼요!

주민들은 **결사반대** 를 외치며 공장 건설을 반대했다.

2 다음 빈칸에 들어갈 알맞은 낱말을 동물 쪽지에서 찾아 쓰세요.

우리 형은 나와 다른 **방식** 으로 문제를 풀었다.

방식 진심

어제 내가 친구에게 한 말은 **진심** 이 아니었다.

교실이 시끄러워 **집중** 이 잘 되지 않았다.

참견 집중

승수는 짝이 자꾸 이래라 저래라 **참견** 하여 짜증이 났다.

엄마는 살림을 알뜰하게 **꾸려** 나가셨다.

꾸려 현명한

고을 사또는 젊지만 **현명한** 판단을 하기로 유명했다.

낱말 탐구

✦ **간청**: 간절히 청함. 또는 그런 청.

✦ **희한하다**: 매우 드물거나 신기하다.

✦ **막연하다**: 뚜렷하지 못하고 어렴풋하다.

✦ **결사반대**: 죽기를 각오하고 있는 힘을 다하여 반대함.

✦ **방식**: 일정한 방법이나 형식.

✦ **집중**: 한 가지 일에 모든 힘을 쏟아부음.

✦ **꾸리다**: 어떤 일을 야무지게 이끌다.

✦ **현명하다**: 어질고 슬기로워 사리에 밝다.

한줄톡! ❶ 직업 ❷ 마을 디자이너 ❸ 답답함

103쪽

내용 확인 ❶ 선생님 ❷ ③ ❸ ㉯
❹ (3) ○

❶ 할머니는 '내'가 선생님이 되기를 바라시지만, '나'는 선생님이 되고 싶지 않아 고민이라고 했습니다.

❷ '나'는 가수가 되려고 하는 특별한 이유가 있는 것이 아니라 할머니가 원하는 선생님이 되고 싶지 않아서 가수가 되려고 합니다.

❸ 정우 삼촌은 5년 동안 준비한 공무원 시험 준비를 포기하고 하고 싶은 일을 하며 살기 위해서 시골로 내려갔습니다. 그리고 그곳에서 많은 직업을 가졌고, 새로운 직업을 만들기도 하였습니다.

❹ 직업은 처음부터 정해져 있었던 게 아니라 세상이 변하면서 계속 만들어지기도 하고 없어지기도 한다고 했습니다.

한줄톡! ❹ 할머니 ❺ 행복 ❻ '나'

109쪽

내용 확인 ❶ ㉰ ❷ (요리) 선생님 ❸ 행복
❹ ③

❶ 할머니가 선생님이 되는 꿈을 이루지 못하자 대신 '나'에게 선생님이 되라고 하셨음을 알 수 있습니다.

❷ '나'는 선생님이 되고 싶었던 꿈을 이루지 못한 할머니를 요리 선생님으로 만들어 드렸습니다.

❸ 아이들에게 떡볶이 만드는 과정을 가르쳐 주실 때 할머니는 행복해하셨습니다. 그리고 할머니는 누구나 행복한 일을 해야 한다는 생각을 하셨기 때문에 '나'에게 선생님 말고 다른 꿈을 찾아보라고 하셨습니다.

❹ '나'는 가수의 꿈을 버리고 '내'가 진짜 행복할 수 있는 꿈을 찾기로 하였습니다.

1 '내'가 정우 삼촌과의 대화를 통해서 직업에 대해 새롭게 알게 되었거나 깨달은 점은 무엇일지 쓰세요.

- 직업은 세상이 변하면서 [예] 계속 만들어진 것이다 .

- 직업은 여러 개일 수도 있고, 새로 만들 수도 있다.

- 직업을 선택할 때에는 [예] 좋아하는 일, 잘하는 일 을 생각해야 한다.

2 '나'의 할머니는 '내'가 선생님이 아닌 다른 직업을 찾을 수 있도록 허락해 주셨지만, 가수는 절대 안 된다고 하셨어요. 그런 할머니에게 하고 싶은 말을 쓰세요.

가수는 절대 안 돼. 짧은 옷 입고 이상한 춤추는 꼴은 절대 못 본다.

[예] 사람마다 꿈이 다를 수 있어요. 다른 사람의 꿈에 대해 간섭하는 것은 옳지 않아요. / 모든 가수가 짧은 옷을 입고 이상한 춤을 춘다고 생각하는 것은 편견이에요.

3 친구들이 직업을 선택할 때 중요하게 생각하는 점에 대해 말하고 있어요. 내 생각과 그렇게 생각하는 까닭을 쓰세요.

나는 잘하는 일을 직업으로 선택해야 된다고 생각해.

난 무조건 돈을 많이 벌 수 있는 직업을 선택해야 한다고 생각해.

좋아하는 일을 직업으로 선택해야 하지 않을까?

시간이 여유로워 취미 활동을 할 수 있는 직업을 선택해야 돼.

내생각 [예] 취미 활동을 할 수 있는 직업을 선택해야 한다고 생각한다.

그렇게 생각하는 까닭 [예] 일을 하면서 받는 스트레스를 취미 활동으로 풀 수 있기 때문이다.

4 내가 갖고 싶은 직업과 그 까닭을 쓰고, 그 직업을 갖기 위해서 어떤 노력을 해야 하는지 쓰세요.

직업을 선택할 때에는 자신의 장점과 잘할 수 있는 일, 좋아하는 일 등을 꼼꼼히 살펴봐야 해.

미래의 내 직업	
갖고 싶은 직업	[예] 음악 치료사
그 까닭	[예] 텔레비전에서 음악으로 사람들의 아픈 마음을 치료하는 것을 본 적이 있는데, 그 일을 하면 무척 보람될 것 같기 때문이다.
나의 노력	[예] 여러 가지 악기를 배운다. / 음악에 관심을 가진다. / 주변 사람들에게 그 사람이 들으면 좋을 음악을 추천해 준다.

5 미래에는 새로운 직업이 필요할 수도 있을 거예요. 내가 직업 발명가라면 어떤 직업을 발명하고 싶은지 상상하여 쓰세요.

발명하고 싶은 직업　날씨 조절자

하는 일

비를 내리게 하거나 바람을 멈추게 하는 등 날씨를 조절하는 일을 한다.

발명하고 싶은 직업　[예] 우주여행 가이드

하는 일　[예] 우주여행 일정을 짜고 우주의 다양한 상황과 방문하는 행성에 대해 설명하는 일을 한다.

미래에 어떤 직업이 생기면 우리 생활이 편리해질까 생각해 봐.

해설

1 정우 삼촌은 '나'에게 직업이 사회의 변화에 따라 새로 생기기도 하고 없어지기도 하며, 좋아하는 일이나 잘할 수 있는 일을 생각해서 직업을 선택해야 한다고 하였습니다.

2 할머니의 행동이 옳은지 옳지 않은지 생각해 보고, 내 생각이 잘 드러나도록 하고 싶은 말을 씁니다.

3 친구들이 한 말 외에도 직업을 선택할 때 내가 중요하게 생각하는 점이 있다면 써도 좋습니다.

4 내가 원하는 직업을 갖기 위해서 어떤 노력을 해야 할지 잘 모를 경우에는 부모님이나 선생님께 여쭈어보거나 책을 찾아 봅니다.

5 평소에 불편했던 상황 등을 떠올려 보고, 어떤 직업이 있으면 좋을지 생각해 봅니다.

39쪽

★ 산더미처럼 쌓인 물건들 속에 꼬마가 잃어버린 물건이 있어요. 꼬마가 잃어버린 5개의 물건을 찾아 ○표 하세요.

69쪽

★ 친구들과 일기장이 비슷해서 헷갈려요. 나만의 일기장 표지를 만들어 보세요.

91쪽

★ 초원에 토끼들이 많이 모여 있네요. 토끼가 총 몇 마리 있는지 세어 보세요.

18 마리

117쪽

재미로 보는 **심리 테스트 결과**

① 캐릭터 메모지

재미있는 분위기를 만들 줄 아는 사람!
생활 속에서 작은 즐거움을 찾아낼 줄 아는 유쾌한 사람
이에요.

② A4 용지

다른 사람을 배려할 줄 아는 사람!
언제 어디서나 다른 친구를 도와줄 준비가 되어 있는 친
구예요.

③ 전단지의 빈 곳

최고의 고민 상담사!
친구가 고민을 상담하면 마치 자기 일처럼 들어주는 좋
은 친구예요.

④ 손바닥

문제가 생겼을 때 빠르게 해결할 줄 아는 사람!
상황에 맞게 해결책을 제시해 주는 친구예요. 당신과 함
께라면 어떤 어려운 일도 걱정 없을 거예요.

책을 소개하는 글 어떻게 쓸까요?

122~125쪽

1 ㉮   **2** 『우리의 자랑, 온돌』   **3** ㉮   **4** ②
5 이 책에 나온 놀부가 욕심을 부리다가 도깨비에게 혼이
난 장면이 기억에 남았기 때문이다.   **6** (2) ○
7 어느 날, 현주는 거리에서 노래하는 아저씨를 보고 가수
가 되는 꿈을 가진다. 그래서 날마다 열심히 노래를 연습하여
삼 년 후 꿈을 이룬다.   **8** (2) ○   **9** (2) ○
10 예 방귀처럼 쓸모없어 보이는 것도 언젠가는 쓸모가 있
다는 것을 알았다.

2 첫 문장에 글쓴이가 소개하는 책의 제목이 나와 있습니다.

3 ㉮의 두 번째 문장이 책을 소개하는 까닭에 해당합니다.

4 ①과 ③은 책 내용에 해당합니다.

5 첫 문장에 책의 제목을, 두 번째 문장에 책을 소개하는 까닭을
썼습니다.

6 (1)은 책 제목을, (3)은 책을 소개하는 까닭을 알 수 있는 부분입
니다.

7 『나에게도 꿈이 생겼어』는 현주가 거리에서 노래하는 아저씨를
보고 가수가 되는 꿈을 가지고 열심히 노력하여 꿈을 이룬 내
용의 책입니다.

8 (1)은 사건이 일어난 순서대로 책 내용을 정리하지 못했습니다.

10 『천둥방귀를 뀌는 며느리』에 나오는 며느리에게 일어난 일을
보고 생각하거나 느낀 점을 정리하여 써 봅니다.

이렇게 써 봐요!

1 내가 소개하고 싶은 책의 제목을 쓰세요.

> 예 『삼 년 고개에서 넘어진 김 생원』

2 **1**에서 답한 책을 소개하고 싶은 까닭을 쓰세요.

> 예 책 내용이 재미있어서

3 **1**에서 답한 책의 내용을 간추려 쓰세요.

> 예 삼 년 고개에서 넘어진 김 생원이 삼 년밖에
> 못 살게 되었다며 걱정을 하다가 병이 들었다. 한
> 나그네가 김 생원을 찾아와 삼 년 고개에서 넘어
> 질 때마다 삼 년씩 더 살게 될 테니 여러 번 넘어
> 지라고 했다. 김 생원은 삼 년 고개에 가서 여러
> 번 넘어졌고, 오래오래 살았다.

4 **1**에서 답한 책을 읽고 느낀 점을 정리하여 쓰세요.

> 예 어려운 상황도 긍정적으로 생각하면 이겨 낼
> 수 있다.

5 **1**~**4**에서 정리한 내용을 바탕으로 하여 책을 소개하는 글을 쓰세요.

> 예 도서관에서 읽은 『삼 년 고개에서 넘어진 김 생원』을
> 소개한다. 책 내용이 재미있어서 소개해 주고 싶다.
> 　삼 년 고개에서 넘어진 김 생원은 삼 년밖에 못 살게 되
> 었다며 걱정을 하다가 병이 들었다. 그런데 한 나그네가
> 김 생원을 찾아와 삼 년 고개에서 넘어질 때마다 삼 년씩
> 더 살게 될 테니 여러 번 넘어지라고 했다. 이 말을 들은
> 김 생원은 삼 년 고개에 가서 여러 번 넘어져 오래오래 살
> 았다.
> 　이 책을 읽고 어려운 상황도 긍정적으로 생각하면 이겨
> 낼 수 있다는 것을 깨달았다.

관찰 기록문 어떻게 쓸까요?

130~133쪽

1 (1) 거북 (2) 옥수수 2 ④ 3 ㉰
4 예 꼬투리가 길쭉하고, 연두색이며, 속에 9개의 콩알이 들어 있다. 5 (1) ○ (2) △ (3) ○ (4) ☆
6 매미의 크기는 작은데 울음소리가 무척 큰 것이 신기하였다. 7 (1) ○ 8 가운데 9 ㉮, ㉰

2 ①은 강낭콩 잎의 크기를, ②는 매미의 날개의 수를, ③은 잠자리의 몸길이를 정확하게 써야 합니다.

3 강아지의 털은 구불구불하지 않고 짧습니다. 그리고 다리가 짧고, 꼬리는 길쭉합니다.

4 완두콩의 색깔이나 모양 등을 정확하게 써 봅니다.

5 (1)과 (3)은 본 것, (2)는 들은 것, (4)는 느낀 것을 쓴 부분입니다.

6 마지막 문장이 느낀 것을 쓴 문장입니다.

7 (2)는 관찰하고 느낀 점을 쓴 것이므로 끝부분에 들어가기에 알맞고, (3)은 관찰 대상을 보고 쓴 것이므로 가운데 부분에 들어가기에 알맞습니다.

9 관찰 기록문의 끝부분에는 관찰한 뒤에 알게 된 점이나 종합적인 느낌 또는 앞으로의 계획이 들어갑니다. 따라서 앞으로의 계획을 쓴 ㉮와 종합적인 느낌을 쓴 ㉰가 끝부분에 들어가기에 알맞습니다.

이렇게 써 봐요!

1 관찰 기록문을 쓸 대상을 쓰세요.

예 올챙이

2 1에서 답한 대상을 관찰한 동기나 목적을 쓰세요.

예 지난주에 냇가로 놀러 갔다가 잡은 올챙이를 관찰했다. 개구리가 되는 모습을 직접 보고 싶었기 때문이다.

3 1에서 답한 대상을 관찰한 내용을 쓰세요.

예 머리는 둥글고 몸에 비해 컸다. 다리가 없고 긴 꼬리가 있었으며 꼬리를 흔들며 헤엄을 쳤다. 아빠께서 올챙이를 키울 때에는 지하수나 햇빛을 3~4일 동안 쬔 수돗물을 사용해야 한다고 하셨다.

4 1에서 답한 대상을 관찰하면서 느낀 점을 쓰세요.

예 올챙이가 모습이 전혀 다른 개구리로 자란다는 게 신기했다.

5 1~4에서 정리한 내용을 바탕으로 관찰 기록문을 쓰세요.

예 지난주에 냇가로 놀러 갔다가 잡은 올챙이를 관찰했다. 개구리가 되는 모습을 직접 보고 싶었기 때문이다.
올챙이의 머리는 둥글고 몸에 비해 컸다. 다리가 없고 긴 꼬리가 있었으며 꼬리를 흔들며 헤엄을 쳤다. 아빠께서 올챙이를 키울 때에는 지하수나 햇빛을 3~4일 동안 쬔 수돗물을 사용해야 한다고 하셨다.
올챙이가 모습이 전혀 다른 개구리로 자란다는 게 너무 신기했다. 앞으로 올챙이가 개구리가 될 때까지 꾸준히 관찰해야겠다.

독서노트

내가 읽은 책은?

책 제목	고제는 알고 있다
글쓴이	김기정

1 이 글을 읽고 기억에 남는 장면과 그 까닭을 쓰세요.

✔ 기억에 남는 장면

[예] 고제가 소완이 머리카락에 송충이가 기어갔다고 말하는 장면

✔ 그 까닭

[예] 고제가 왜 소완이 머리카락을 잡아당겼는지 알게 되어 고제를 좀 더 이해할 수 있게 되었기 때문이다.

2 이 글을 읽고 어떤 생각이나 느낌이 들었는지 쓰세요.

[예] 싫어하는 친구를 이해해 보려는 노력을 해야겠다. / 고제를 편견 없이 대한 '내'가 참 훌륭하게 느껴졌다.

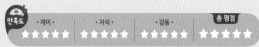
만족도   ·재미·   ·지식·   ·감동·   총 평점

※ 가이드북 16쪽에 있는 예시 답안을 확인하세요.

내가 읽은 책은?

책 제목	여성을 위한 변호사 이태영
글쓴이	

1 이 글을 읽고 기억에 남는 장면과 그 까닭을 쓰세요.

✔ 기억에 남는 장면

[예] 이태영이 누비이불을 팔러 가다 선생님을 만난 장면

✔ 그 까닭

[예] 이태영이 얼마나 속상할지 생각하면 눈물이 나기 때문이다.

2 이 글을 읽고 어떤 생각이나 느낌이 들었는지 쓰세요.

[예] 하고 싶은 일이 생기면 포기하지 않고 끝까지 노력해야겠다. / 나중에 어른이 되면 이태영처럼 우리 사회를 위해 중요한 일을 하고 싶다. / 남녀 차별을 없애기 위해 노력한 이태영이 대단하게 느껴진다.

만족도   ·재미·   ·지식·   ·감동·   총 평점

※ 가이드북 16쪽에 있는 예시 답안을 확인하세요.

내가 읽은 책은?

책 제목	염색약이냐 연필깎이냐, 그것이 문제로다!
글쓴이	박신식

1 이 글을 읽고 기억에 남는 장면과 그 까닭을 쓰세요.

✔ 기억에 남는 장면

[예] 다솜이가 윤후가 쓴 편지를 읽는 장면

✔ 그 까닭

[예] 다솜이의 행동을 이해하고 다솜이의 마음을 편하게 만들어 준 윤후가 대단하게 느껴졌기 때문이다.

2 이 글을 읽고 어떤 생각이나 느낌이 들었는지 쓰세요.

[예] 충동구매를 하지 않고 돈을 계획적으로 써야겠다. / 나도 윤후처럼 마음이 넓은 친구가 되어야겠다.

만족도   ·재미·   ·지식·   ·감동·   총 평점

※ 가이드북 16쪽에 있는 예시 답안을 확인하세요.

내가 읽은 책은?

책 제목	내 직업은 직업 발명가
글쓴이	강승임

1 이 글을 읽고 기억에 남는 장면과 그 까닭을 쓰세요.

✔ 기억에 남는 장면

[예] 할머니가 떡볶이 만드는 과정을 가르쳐 주시면서 행복해하는 장면

✔ 그 까닭

[예] 꿈을 이룰 때 행복한 것임을 깨달을 수 있었기 때문이다.

2 이 글을 읽고 어떤 생각이나 느낌이 들었는지 쓰세요.

[예] 내가 진짜 갖고 싶어 하는 직업이 무엇인지 생각해 볼 수 있어서 좋았다. / 다른 사람의 꿈을 하찮게 생각하지 말고 응원해 주어야겠다고 생각했다.

만족도   ·재미·   ·지식·   ·감동·   총 평점

※ 가이드북 16쪽에 있는 예시 답안을 확인하세요.

기적의 학습서
오늘도 한 뼘 자랐습니다